Karlheinz Gaertner · Fadi Saad

Kampfzone Straße

Karlheinz Gaertner · Fadi Saad

Kampfzone Straße

Jugendliche Gewalttäter
jetzt stoppen

HERDER

FREIBURG · BASEL · WIEN

MIX
Papier aus verantwor-
tungsvollen Quellen
FSC www.fsc.org **FSC® C106847**

© Verlag Herder GmbH, Freiburg im Breisgau 2012
Alle Rechte vorbehalten
www.herder.de

Satz: Barbara Herrmann, Freiburg
Herstellung: fgb · freiburger graphische betriebe
www.fgb.de

Printed in Germany

ISBN 978-3-451-30472-9

Dieses Buch ist all denen gewidmet, die Opfer von Gewalt (Jugendgewalt) wurden, ohne dass die Täter gefasst oder angemessen bestraft wurden.

Zusätzlich soll all denen gedankt werden, die Zivilcourage bewiesen und so mutig Opfern von Gewalttaten geholfen haben.

Inhalt

Wie alles begann

Der Alltag

„Ich bin überfallen worden!"

Die Nachmittagssonne strahlte in den Wachbereich des Polizeiabschnitts 55 hinein und beleuchtete goldschimmernd den Publikumstresen. Ich stand etwas abseits und beobachtete das rege Hin und Her zwischen Strafanzeigenaufnahme und der Abarbeitung von Funkwageneinsätzen. Wie so häufig war auch an diesem Donnerstag der Polizeiabschnitt Anlaufpunkt für unzählige Hilfesuchende.

Auf einmal fiel mir ein junger Mann auf, groß gewachsen und breitschultrig, der mit bekümmertem Gesichtsausdruck die Wache betrat und sich gegen den Tresen lehnte. Unsicher und zurückhaltend sprach er eine Kollegin an und bat darum, eine Anzeige erstatten zu dürfen. Nach dem Grund fragend, erwiderte er höflich: „Ich bin überfallen worden!"

Aufgrund der Art und Weise seines Auftretens begab ich mich ebenfalls zur Kollegin und hörte mir seine Schilderung des Geschehens an. Unterbrochen von hilflosen Gesten seiner Arme und nur mühsam unterdrückter Wut berichtete er, dass er vor ca. einer halben Stunde mit der U-Bahn der Linie 7 in Richtung Rudow unterwegs war. Auf dem U-Bahnhof Parchimer Allee stiegen drei offensichtlich arabischstämmige Jugendliche in den Zug und kamen unmittelbar auf ihn zu. Zwei der etwa 15- bis 17-Jährigen setzten sich rechts und links neben ihn, während der Dritte vor ihm stehen blieb. Ohne zu zögern beleidigten sie ihn sofort mit den Worten: „Was is, du Schwuchtel, was

11

glotzt du?" Er, der in seiner Freizeit Taekwondo trainiert und sportlich fit ist, wollte aufstehen und dieser Provokation aus dem Weg gehen, als er bemerkte, dass der rechts neben ihm Sitzende ein überdimensionales Messer gegen seinen rechten Oberschenkel drückte. Stockend, nur mühsam seine eigene Hilflosigkeit unterdrückend, berichtete er weiter. Der mit dem Messer blaffte ihn erneut an mit den hasserfüllten Worten: „Los du Schwuchtel, gib mir Handy, sonst stech ich dich ab!", während der links von ihm Sitzende die Szene in Richtung Wageninneres abdeckte. Starr gegenüber solcher bisher nicht erlebter Gewalt zog er sein neues Handy, welches er erst vor einer Woche von seinem Vater zum Geburtstag geschenkt bekommen hatte, aus der Tasche und übergab es dem „Messertyp". Dieser nahm es an sich, sprach einige arabische Sätze zu seinen Mittätern, und plötzlich, ohne jegliche Vorwarnung, trat ihm der vor ihm Stehende mit seinem Fuß so stark gegen seinen Oberkörper, dass er gegen die Rückbank prallte. Der Schreck und der Schmerz raubten ihm fast den Atem. Als er um Hilfe rufen wollte, sah er, dass die drei aus dem Waggon heraus auf den zwischenzeitig erreichten Bahnsteig Britz-Süd rannten.

Beim Umsehen erkannte er, dass die anderen Fahrgäste im spärlich besetzten U-Bahn-Waggon nichts von dem Überfall mitbekommen hatten.

Während dieser Schilderung konnte ich erneut sehen, wie sehr ihn das Geschehene mitgenommen hatte, er hatte sogar Tränen in den Augen.

Ich merkte, wie sich mein Magen verkrampfte, und ich erinnerte mich sofort an den Übergriff auf meinen Sohn, der nur ein halbes Jahr zurücklag. Auch er war in ähnlicher Weise überfallen worden. Auf dem Nachhauseweg verließ er die U-Bahn-Station Rudow und wurde von zwei südländisch aussehenden Jugendlichen von vorne und von hinten mit einem Messer bedroht, übelst beleidigt und seines teuer erworbenen Handys beraubt. Glücklicherweise wehrte er sich nicht und wurde auch nicht verletzt. Wobei dies so einfach behauptet wird. Den seelischen Schaden, den solche Überfälle bei jungen Menschen verursachen, möchte ich hier gar nicht weiter erörtern. Festzustellen bleibt, dass diese Überfallenen mit Sicherheit in Gefahr geraten, von ausländerfeindlichen Agitatoren beeinflusst zu werden.

Nachdem ich mich längere Zeit mit dem jungen Mann unterhalten und ihm verdeutlicht hatte, dass er heutzutage leider ein typisches Opfer für diese potentiellen Täter darstellte und er keine Chance zur Gegenwehr gehabt hatte, ging er einigermaßen beruhigt nach Hause. Zuvor hatte er noch, bedauerlicherweise erfolglos, in der Bildlichtdatei nach den Tätern gesucht.

Seit über 40 Jahren als Polizist auf den Straßen

Für mich selbst stellte sich erneut wie schon so oft die Frage nach dem Sinn meines Berufs. Seit über 40 Jahren bin ich als Polizist auf den Straßen Berlins und hier hauptsächlich im Bereich Neukölln unterwegs und versuche, meinem Beruf gerecht zu werden. Zunächst viele Jahre lang bei der Bereitschaftspolizei, wo sich mein Aufgabenbereich im Wesentlichen auf unzählige Demonstrationseinsätze und auf die damaligen Auseinandersetzungen mit Hausbesetzern erstreckte, dann während meiner 11-jährigen Tätigkeit als Leiter einer Einheit zur Straßenkriminalitätsbekämpfung und schließlich bis zum heutigen Tag als Dienstgruppenleiter auf einem Neuköllner Abschnitt erlebte ich oft eine hilflose Wut im Zusammenhang mit diesen sinnlosen Gewalttaten.

Während ich wieder einmal darüber nachdachte, welche Möglichkeiten des Schutzes es vor solchen Überfällen gäbe, klingelte das Telefon auf meinem Schreibtisch. Es meldete sich ein mir unbekannter Mann, der sich mit dem Namen Fadi Saad vorstellte. Er führte aus, dass er Quartiersmanager des Körner-Kiezes sei und dass er sich gerne mit mir treffen möchte, um ein gemeinsames Projekt zu entwerfen und durchzuführen. Nach dem unmittelbar zuvor Erlebten war ich nicht unbedingt euphorisch gestimmt und verhielt mich zunächst zurückhaltend. Wahrscheinlich auch, weil mein Gesprächspartner dem Namen nach arabischer Herkunft war und mir dabei einige kriminelle arabische Großfamilienmitglieder in den Sinn kamen. Diese besonders gewalttätig, aggressiv und dreist Auftretenden hatte ich in den letzten Jahren immer wieder nach diversen Straftaten festnehmen müssen. Sie störten empfindlich den Rechtsfrieden unseres Neuköllner Kiezes.

Aufgrund meiner Neugier, mehr über die Tätigkeit eines Quartiersmanagers zu erfahren, und des netten Gesprächsangebots von Herrn Saad kamen wir überein, uns am nächsten Tag auf dem Polizeiabschnitt zu treffen.

Der Körner-Kiez

Oh ja, ich kann mich noch sehr gut an diesen Tag erinnern, an dem ich Karlheinz Gaertner kennenlernte. Seit Juli 2006 gehöre ich zum Team des Quartiersmanagements Körnerpark. Ich war noch neu im Körnerkiez.

„Was aber ist ein Quartiersmanagement und welche Aufgaben hat es?" Fragen wie diese bekomme ich öfter gestellt. Einige glauben, wir vermieten Quartiere, also Wohnungen. Und wenn ich sage, dass ein Quartier ein Kiez ist, dann verbinden sie es mit dem Kiez in Hamburg. Und wenn ich in den Medien vorgestellt werde, dann als Sozialarbeiter, Streetworker oder Jugendbetreuer. Kurz gesagt: Kaum einer kennt den Beruf „Quartiersmanager".

Gemeinsam mit den „Starken Partnern" (Wohnungsbau-gesellschaften, Stadtteilzentren, Nachbarschaftsheimen, Schulen, Kitas und der ortsansässigen Wirtschaft) im Gebiet initiieren und begleiten wir Quartiersmanager Projekte und Aktionen, die die Lebensperspektiven und das Gemeinschaftsgefühl der Bewohner verbessern und das Wohnumfeld attraktiver machen. Hierzu steht eine Finanzierung durch das Bund-Länder-Programm „Die Soziale Stadt" und den „Europäischen Fonds für Regionale Entwicklung" (EFRE) der Europäischen Union zur Verfügung. Das Programm „Soziale Stadt" dient der Stabilisierung und Weiterentwicklung von Stadtteilen mit besonderem Entwicklungsbedarf.

Einen besonderen Entwicklungsbedarf gibt es dort, wo mehrere Faktoren der Stadtentwicklung zusammenkommen und sich Probleme überlagern und verstärken, wie zum Beispiel Defizite in der Infrastruktur, wirtschaftliche Stagnation auf niedrigem Niveau, eine unausgewogene Bevölkerungsentwicklung, hohe Arbeitslosigkeit, ein hoher Grad an Abhängigkeit von Transfereinkommen. Als Konsequenz nimmt die soziale Ungleichheit zu, es gibt Anzeichen von Verwahrlosung, eine zunehmende Gewaltbereitschaft innerhalb des öffentlichen Raums, die Kriminalität steigt an, das Image dieser Gebiete verschlechtert sich und häufig verlassen dann Familien, Erwerbstätige und einkommensstärkere Haushalte solche Stadtteile.

Dabei gibt es ungenutzte Chancen und Potentiale der Menschen und ihrer Stadtteile. Zumeist mangelt es an Kommunikation und Selbstorganisation. Sie zu wecken ist ein Anliegen des Programms und Aufgabe des Quartiersmanagements (QM). Im Gebiet Körnerpark leben rund 10.600 Menschen unterschiedlicher Kulturen und Nationalitäten.

Meine Schwerpunkte im QM Büro liegen darin, die Akteure im Kiez zu vernetzen und die verschiedenen Kulturen und Generationen im Kiez zusammenzubringen und gemeinsame Dialoge und Begegnungsmöglichkeiten zu schaffen. Vor allem die Jugendkriminalität ist eine meiner größten Prioritätensetzungen. Einerseits versuchte ich Projekte zu initiieren, die deutsche und nichtdeutsche Jugendliche zusammenbringen, um so Vorurteile abzuschaffen. Denn Vorurteile haben beide Seiten reichlich. Aber dies ist nur ein Problem, es gibt noch ein weiteres.

Einen Kriminellen auf 30 Meter erkennen

Ein weiteres Problem war, dass es zwei Parteien gab, die nicht immer gut aufeinander zu sprechen sind und die nur sehr schwer zusammenzubringen waren. Wenn es mal zu Begegnungen kam, waren diese nicht immer auf freiwilliger Basis. Natürlich spreche ich von der Polizei und den Jugendlichen. Ihr Hass auf die Polizei sitzt bei einigen von ihnen sehr tief. Wenn ich an meine damalige Zeit denke, dann verstehe ich die Jugendlichen von heute auch. Als Jugendlicher hatte ich dieselben Erfahrungen wie sie gemacht. Wenn es Kontakt mit der Polizei gab, dann unfreiwillig und nur im negativen Sinn. Wann hatten wir schon mal mit der Polizei zu tun? Ich möchte damit sagen, dass es mehr positive Begegnungen mit ihr geben müsste.

Die Polizei sollte nicht die Aufgaben der Erzieher und Sozialarbeiter vor Ort übernehmen. Aber sie sollte ihren Kiez besser kennenlernen. Und dazu gehören auch die Jugendlichen.

Also musste ich einen Weg finden, wie ich die Vorurteile abbauen konnte. Ich erkundigte mich nach dem zuständigen Dienstgruppenleiter für den Bereich „Körner-Kiez". Ich sprach mit Polizisten aus dem Polizeiabschnitt 55, um mir einerseits einen Rat einzuholen und andererseits etwas über den neuen Dienstgruppenleiter zu erfahren.

Und die Antworten darauf machten mir ehrlich gesagt große Sorgen. Denn es waren Sätze wie: „Viel Glück Fadi, denn dieser Dienstgruppenleiter versteht keinen Spaß! Das ist jemand, der einen Kriminellen auf 30 Meter erkennt! Aber du könntest auch Glück haben, Herr Gaertner ist ein Praktiker."

Ich stand vor dem Polizeiabschnitt 55 in der Rollbergstraße. Ich war sehr nervös. Was sollte ich ihm nur erzählen und was wollte ich ihm eigentlich vermitteln? Ich hatte das Gefühl, vor einer Prüfung zu stehen und keine Antworten mehr auf die Prüfungsfragen zu wissen.

Ich meldete mich auf der Wache und sagte, dass ich einen Termin mit Herrn Gaertner hätte. „Bitte warten Sie im Eingangsbereich, Sie werden abgeholt!" Ich setzte mich auf die Bank und wartete.

Das Warten erinnerte mich an alte Zeiten. Wenn ich mal eine Vorladung zur Vernehmung hatte, musste ich mich auch auf der Wache melden und warten, bis ich abgeholt wurde. Unten warten müssen alle, ob Täter, Zeuge oder Quartiersmanager. Das Schlimmste daran ist: Was denken die Leute und Polizisten, die an einem vorbeilaufen? Denken sie, ich habe etwas angestellt? Wenn ich ehrlich bin, frage ich mich das Gleiche bei den anderen, die da sitzen.

„Herr Saad?" – „Ja!" – „Guten Tag, mein Name ist Karlheinz Gaertner, schön, dass Sie gekommen sind! Wir gehen hoch in mein Büro." Wir fuhren mit dem Fahrstuhl hoch. Im Fahrstuhl schaute ich mir Herrn Gaertner an und fragte mich, ob ich es wohl schaffen würde, ihn für eine Kooperation zu gewinnen.

Im Büro stellte ich mich und die Arbeit des Quartiersmanagements vor, ebenso Herr Gaertner sich und seine

Dienstgruppe. Während des Gesprächs dachte ich mir, wenn ich ihn jetzt mit einem geplanten Riesenprojekt überfalle, könnte es sicher abschreckend wirken. Also machten wir einen zweiten Termin aus. Dieses Mal allerdings in meinem Büro.

Offen und ehrlich

Nachdem ich Fadi Saad verabschiedet hatte, gingen mir seine Worte durch den Kopf. Die Art und Weise, wie er offen und ehrlich betroffen die Probleme der Jugendkriminalität und Vorurteile jeglicher Art angesprochen hatte, beeindruckte mich. Vielleicht war er ja der richtige Mann, um ein gemeinsames Projekt zu starten, welches zumindest in unserem Körner-Kiez Erfolge im Hinblick auf die ständigen Gewaltausbrüche zeigen könnte. Diese Gewalttaten, meist unter Benutzung oder Einbeziehung von Waffen und hier speziell von Messern, machten uns als Polizei besonders viel Kummer, und so war und bin ich zu jeder Aktion bereit, um hier Abhilfe zu schaffen.

Fast drei- bis viermal täglich werden im Neuköllner Kiez Kinder, Jugendliche oder Heranwachsende Opfer von Raubtaten oder Körperverletzungen, in denen ein Messer als Tatmittel eingesetzt wird. Dabei wird mit dem Messer, je größer, umso besser, nicht nur gedroht, um die Opfer einzuschüchtern und sie so leichter zur Herausgabe der Beute zu veranlassen, nein, erschreckenderweise wird auch genauso schnell zugestochen. Dabei spielen, wie bei vielen Vernehmungen festgenommener Täter festgestellt, Motive eine Rolle, die zusätzlich betroffen machen. Da wird schon mal im „Rausch" des Machtgefühls auf den sich wehrlos Ergebenden eingestochen, obwohl man bereits im Besitz der Beute ist. Das Erniedrigen des Opfers, einhergehend mit gruppendynamischen Prozessen, ist eine weitere abscheuliche Art, zusätzlich Gewalt im Übermaß anzuwenden. Meist will sich der Einzelne in der Gruppe als Überlegener darstellen, um so eine Machtposition zu erreichen oder zu festigen.

Weiterhin handeln die Täter nicht etwa aus wirtschaftlicher Not, wenn sie beispielsweise die besonders beliebten Handys oder Jacken mit auffälligem Emblem „abziehen" (ein verharmlosender Begriff untereinander für Raub oder räuberischen Diebstahl). Bei Vernehmungen höre ich immer wieder locker formulierte Sätze wie:

„Ich – wir hatten Langeweile ... Wir hingen so auf der Straße rum und hatten Frust ... Ich brauchte Geld für Spielautomaten ... Ich wollte mal meinem Kumpel zeigen, wie schnell man an ein neues Handy kommt ..."

Eine weitere bedrückende Art des Einsetzens von Waffen ist bei den Körperverletzungen die Nichtigkeit des Anlasses: „Der hat mich blöd angeguckt ... Er hat mich angerempelt ... Er hat meiner Freundin hinterhergeschaut ... Er hat mir den Parkplatz weggenommen ... Er hat mich beleidigt" und viele Banalitäten mehr. Diese führen dazu, dass ein Mensch erheblich mit einer Waffe verletzt, ja sogar getötet wird.

Rettungsstelle Kiez-Krankenhaus

Dazu ein Fall, der nicht nur mich besonders erregt hat, da er sich in einem besonders schützenswerten Bereich, nämlich in der Rettungsstelle eines Kiez-Krankenhauses, abgespielt hat.

Die Rettungsstelle war an diesem Tag, wie fast immer, voller Menschen, die Hilfe suchten. Zwei junge, türkischstämmige Männer betraten den Warteraum und verlangten sofort in rüdem Ton, dass einer von beiden wegen Kopfschmerzen behandelt werden müsse. Als die Krankenschwester ihnen höflich klarzumachen versuchte, dass zunächst die bereits lange wartenden Patienten behandelt werden, wurde sie von den jetzt total Ausflippenden übel beleidigt und bedroht. Dies hörte ein Krankenpfleger und kam seiner Kollegin zu Hilfe. Er bat eindringlich darum, die Beleidigungen zu unterlassen und sich etwas zurückzunehmen. Dies reichte aus, dass einer der Männer ein Messer zog und es dem Pfleger in den Rücken rammte, während der andere mit den Füßen auf ihn eintrat, sogar noch, als dieser auf dem Boden lag.

Der Pfleger musste anschließend 14 Tage auf der Intensivstation behandelt werden und bangte um sein Leben. Vollständigkeitshalber ist zu erwähnen, dass die Täter, die kurz nach der Tat gefasst wurden, bereits nach vier Stunden unverständlicherweise wieder auf freiem Fuß waren.

Banalitäten, auf die fast täglich mit unerklärbarer Gewalt reagiert wird.

Nachzutragen ist, dass der Messerstecher erst ca. eineinhalb Jahre später vor Gericht stand. Während der Hauptverhandlung zog es der mehrfach einschlägig als Gewalttäter bekannte Beschuldigte vor, aus dem Gerichtssaal zu flüchten, da er annahm, nun doch zu einer empfindlichen Haftstrafe verurteilt zu werden. Dies führte zu der für mich erstaunlichen Anordnung eines Haftbefehls durch den vorsitzenden Richter. Provokant gesagt, jemanden mit einem Messer fast zu erstechen ist offenbar kein ausreichender Grund, um in Untersuchungshaft zu kommen – erst das nicht ordnungsgemäße Verweilen bei der Hauptverhandlung führt zum sofortigen Erlass eines Haftbefehls. Verrückte Welt, wie ich meine.

Der Täter wurde später zu vier Jahren Haft verurteilt, aber nur, weil er bereits einschlägig vorbestraft war.

Vorfreude auf Fadi

Meine Gedanken schweifen zurück zu Fadi Saad. So wie er bei mir auf der Dienststelle erschienen war, hatte ich ihn mir gar nicht vorgestellt. Ein großer junger Mann, offen in seiner Art und offensichtlich sehr an der Praxis orientiert. Eine gewisse Vorfreude erfasste mich, denn ich spürte instinktiv, dass er ein Mensch ist, mit dem man zusammenarbeiten kann. Vielleicht wäre es uns möglich, gemeinsam etwas für die Menschen im Kiez zu erreichen. Ehrlicherweise war es mir in den zurückliegenden Jahren nicht gelungen, viele positive Erfahrungen mit jungen arabischstämmigen Mitmenschen zu sammeln, denn berufsbedingt resultierten die meisten meiner Erfahrungen aus dem Umgang bzw. aus der Verfolgung von Kriminellen. Bei meinen Festnahmen schlug mir häufig unendlicher Hass entgegen und ich selbst entwickelte auch nicht gerade freundschaftliche Gefühle. So stiegen also meine Erwartungen im Blick auf eine einvernehmliche Arbeitspartnerschaft mit Fadi.

„Attacke gegen Hundek..."

Dieses anrüchige Thema wird Jahr für Jahr von den Schülern der Peter-Petersen-Schule in einer Wochenaktion handfest angepackt. Die unappetitlichen Hundehaufen in der Umgebung der Schule, die unmittelbar am Körner-Park liegen, werden rot markiert und gezählt, bevor die Berliner Stadtreinigung zur Tat schreitet und diese entfernt.

Zusätzlich werden die Hundebesitzer mit selbst gefertigten Plakaten und direkten Ansprachen auf ihre Pflicht aufmerksam gemacht, die Hinterlassenschaften ihrer vierbeinigen Freunde zu beseitigen. Dass dabei der ein oder andere die Schüler mit unflätigen Bemerkungen überschüttet oder sogar deren angebrachte Plakate zerreißt, ist leider traurige Wirklichkeit. Hier wird schon mal die alteingesessene deutsche Oma zur wilden Hundeverteidigerin. Ein Grund mehr, dass wir unsere Präsenz an Fußstreifen dort verstärkt hatten.

Heute fand die Abschlusskundgebung auf der Thomashöhe statt und ich war dazu eingeladen. Schnell konnte ich feststellen, dass sich diese Aktion durchaus gelohnt hatte. In den vergangenen Jahren wurden teilweise über 1000 solcher glitschigen Tretminen gezählt. In diesem Jahr waren es „nur noch" etwas über 400. Und wie wir alle fanden, immer noch viel zu viele! Was bleibt? Ein großer Dank an die Schulleitung und ihre fleißigen Schüler, übermittelt mit einem gesponserten Fußball meinerseits.

Kurz darauf befand ich mich mit einigen meiner Mitarbeiter bei einer weiteren Kampagne mit dem Slogan *Aktion „Sauberer Kiez"*. Bewaffnet nicht wie so häufig mit einem Messer, sondern mit Schaufel und Besen, zieht an diesem Morgen eine illustre Schar von Kiezbewohnern, Quartiersmanagementleuten, Stadtreinigungsangestellten und vielen Kindern durch die Straßen. Emsig werden die Gebüsche des Schierker Platzes von Unrat wie Flaschen, Papier, Zigarettenkippen, alten Windeln und sogar diversen Kleinmöbeln befreit. Parallel dazu werden Verkehrsschilder, Bänke, Tischtennisplatten und auch Spielgeräte geputzt und undefinierbare Schmierereien entfernt. Ruck, zuck liegen die ersten Müllhaufen bereit, die unmittelbar darauf von der Berliner Stadtreinigung abtransportiert werden. Während wir als Polizei darauf achten, dass die Autofahrer diesen fleißigen Dreckentfernern die notwendige Rücksicht entgegenbringen und es zu keiner Gefährdung kommt, fegen diese stundenlang von einer Straße zur anderen. Bürgersinn, bestehend aus dem Bewusstsein, dass nur ein sauberer Kiez wohnenswert ist und man folgerichtig selbst mit anzupacken hat, überzeugt hier nachhaltig!

Diese beiden Aktionen führten beim Nachhauseweg zu einer tiefen inneren Zufriedenheit meinerseits – das Wochenende konnte beginnen. Die neue Woche würde dann mit meinem Gang zum Büro des Quartiersmanagements in der Emserstraße beginnen, um das Gespräch mit Fadi Saad fortzusetzen. Es befindet sich in einer Alt-Berliner Ladenwohnung, mit drei großen Zimmern. Mit der sehr zweckmäßig ausgestatteten Einrichtung machte es auf mich einen recht nüchternen Eindruck. Ganz im Gegensatz dazu war der Empfang durch Herrn Saad, seinem Chef und zwei weiteren Mitarbeitern ausgesprochen warmherzig. Dies passiert mir als Polizeibeamtem nicht allzu häufig und so war ich sehr gespannt auf den weiteren verlauf unseres Treffens.

Erstes Treffen im Quartiersmanagementbüro

Als Quartiersmanagement-Team sollten wir stets einen guten Überblick im Kiez haben. Dazu gehört neben den verschiedenen Angeboten auch die aktuelle Kriminalitätssituation, sprich, gibt es besondere Vorkommnisse? Um dieser Frage nachzugehen und so die Projektideen gezielter entwickeln zu können, waren wir im Team schon auf das Gespräch mit Herrn Gaertner gespannt. Dieser kam allein und in Uniform und natürlich fragten später die Nachbarn, was denn passiert sei, weil doch die Polizei da gewesen sei. Ich sagte: „Nichts, nur so zum kennenlernen." Das war für einige schon zu viel, also unverständlich.

Nach der Vorstellrunde kamen wir recht schnell zum Thema. Herr Gaertner teilte uns mit, dass im Großen und Ganzen unser Gebiet unauffälliger sei als vergleichbare Gebiete im Norden Neuköllns. Es gäbe nur einige besondere Auffälligkeiten in den Bereichen Schmierereien (Graffiti), Sperrmüll auf den Straßen und einigen Jugenddelikten. Aber die seien nicht häufiger als in anderen Kiezen, im Gegenteil. Daraufhin stellten wir unsere Projekte wie auch die bevorstehenden Veranstaltungen vor. Wie jedes Jahr stand auch in diesem Jahr ein Kiezfest bevor, dazu wollten wir gerne die Polizei mit einem Fahrradparcours und weiteren

Angeboten gewinnen. Gaertner sagte uns die Teilnahme der Polizei durch seine Dienstgruppe zu. Nachdem wir gemeinsam mit dem Team und Gaertner die allgemeinen Themen besprochen hatten, wollte ich noch gerne die Jugenddelikte genauer hinterfragen, was wir dann auch und diesmal nur unter vier Augen taten.

Und so schilderte mir Gaertner die aktuelle Situation der Jugendgewalt im Kiez aus seiner Sicht. Besonders die Bereitschaft der Jugendlichen, ein Messer zu tragen und dieses auch anzuwenden, wurde aus seinen Schilderungen deutlich. Ich konnte dies nur bestätigen.

Waffen und ihre Träger

Sie wollen sich alle nur verteidigen

Der Jüngste, dem ich ein Messer abgenommen habe, war erst zehn Jahre alt. Ich machte meine Kiezrunde und blieb auf dem Bolzplatz stehen, als mich ein kleiner Junge mit grünen Augen sehr höflich fragte: „Onkel, darf ich auch Fußball mitspielen?" Nachdem ich seine Frage bejaht hatte, nahm er etwas aus seine Schultasche und rannte in Richtung Straße. Ich lief ihm unauffällig hinterher und konnte ihn dabei beobachten, wie er etwas unter einem parkenden Fahrzeug versteckte. Als ich hinter ihm stand, bat ich ihn, das, was er versteckt hatte, hervorzuholen. Das tat er auch, fing dann an zu weinen und übergab mir einen Gegenstand.

Es war ein etwa 20 cm langes Messer. Auf meine Frage hin, wozu er ein Messer bei sich habe, antwortete er: „Ich habe Angst, ich werde oft von anderen Mitschülern in der Schule bedroht und will mich wehren können." Das ist eine Antwort, die ich von fast allen Kindern und Jugendlichen zu hören bekomme. Sie wollen sich alle nur verteidigen, aber keiner möchte angreifen. Die, die sich noch kein Messer kaufen können, nehmen sich ein großes Küchenmesser von zu Hause mit.

Messer oder Totschläger

Neben dem Messer ist bei den Jugendlichen auch das Tragen von Schlagringen und sogenannten Totschlägern (Teleskopschläger) üblich. Wenn ich mitbekomme, dass jemand von ihnen ein Messer oder Ähnliches bei sich trägt, nehme ich es ihm ab. Darauf bekomme ich von den Betreffenden zu hören: „Aber dieses Messer ist doch nicht verboten, es ist ja nicht länger als die Breite meiner Handfläche!" Andere sagen mir: „Das ist doch keine feststehende Klinge, also darf ich es doch tragen!"

Ich weiß nicht, ob es wirklich so ist. Doch wenn ich meine Verwandten in Schweden besuche, sagt mir mein dortiger Cousin, hier bei uns in Schweden ist das Tragen von Messern oder anderen Waffen grundsätzlich verboten.

Natürlich ist ein Messer in erster Linie ein Werkzeug und erst der Mensch macht es zur Waffe. Warum aber haben wir hier in Deutschland ein Waffengesetz, das den Waffenbesitz zwar einschränkt, aber nicht grundsätzlich Waffen verbietet? Wozu sollte ein Mensch ein Messer tragen? Die zuständige Behörde kann in einzelnen Fällen ein Waffenbesitzverbot aussprechen. Sie unterrichtet den zuständigen Polizeiabschnitt über ausgesprochene Waffenbesitzverbote. Doch leider ist mir bislang noch kein einziger Fall bekannt, bei dem es tatsächlich ausgesprochen wurde.

Das Waffenrecht

Ein klein wenig erstaunt, aber insgesamt doch sehr froh vernahm ich, dass ich hier im Büro des Quartiersmanagements auf Menschen traf, die das Problem des Waffenbesitzes, welches uns als Polizei schon lange belastete, ebenso erkannt hatten und vor allem verurteilten. Damit Jugendgewalt eingedämmt wird, ist es durchaus auch aus meiner Sicht überlegenswert, das Mitführen von Messern in der Öffentlichkeit zu verbieten. Es ist nicht einzusehen, warum man (Mann) in einer Großstadt wie Berlin mit einem Messer durch die Gegend laufen muss. Natürlich gibt es berufsbedingte Ausnahmen und die sollen bestehen bleiben. Wenn ich mir aber das aktuelle Waffenrecht anschaue, welches Alterserfordernisse, Erlaubnisse und Verbote regelt, so finde ich dies nicht nur ausgesprochen unübersichtlich und verworren, sondern auch in Teilen nicht abschreckend genug.

In einer Fortbildungsschrift für die Polizei wird in über 34 DIN-A4-Seiten versucht, die wesentlichen Bestimmungen des Waffengesetzes zu erläutern. Allein dies zeigt bereits, welchen Umfang das Waffenrecht abdeckt und wie schwer es auch dem normalen Bürger fallen muss, die richtige Einordnung zu treffen, ob er eine Waffe, welcher Art auch immer, mit sich führen darf. Der Umfang unseres Buches würde mit Sicherheit gesprengt, wenn ich mich hier auf eine Erläuterung des Waffenrechts einlassen würde. Fakt ist aber, wer eine Waffe mit sich führt, der setzt sie auch ein, dies bestätigen unzählige persönliche Erfahrungen. Auch die ständig gleichen Ausreden beim Auffinden von Messern und ähnlichen gefährlichen Gegenständen, von Schusswaffen ganz zu schweigen, belegen dies. Ob griffbereit in der Seitenablage des Kfz oder im Gürtel, in der Hosentasche oder im Jackenärmel getragen, immer wieder höre ich: „Das brauche ich zu meiner Verteidigung!"

Da ziehe ich dann Messer hervor, so lang wie Säbel, Messer mit Klingen von zwölf Zentimeter Breite und Krummdolche wie aus dem Mittelalter und höre immer die gleichen Phrasen. So komme ich mir vor, als lebte ich in einem Kriegsgebiet, oder befindet sich Deutschland gar im Bürgerkrieg? Was soll das also?

Respekt und Toleranz

Respektlos, pöbelnd, aggressiv

Neben dem wichtigen Thema „Waffenbesitz" lag mir ein weiterer Aspekt am Herzen, der unbedingt als Motto für unser gemeinsames Projekt eine Rolle spielen sollte, nämlich: Respekt. Besser gesagt: mangelnder Respekt sehr vieler Jugendlicher gegenüber ihren Mitmenschen, Amtsträgern wie Lehrern, Polizisten, aber auch gegenüber den Eltern. Um dies zu verdeutlichen, beschrieb ich Fadi Saad den folgenden „stinknormalen" Streifengang, den ich uniformiert auf der Sonnenallee absolvierte.

Die Sonnenallee ist neben der Karl-Marx-Straße und der Hermannstraße eine der drei Hauptverkehrsstraßen, die Nord-Neukölln vom Süden zum Norden hin durchqueren. Dienstagvormittag, mein Weg führt mich die Sonnenallee entlang Richtung Hermannplatz. Vor der Ernst-Abbe-Schule steht ein Daimler Benz quer über den Gehweg geparkt. Der Wagen ist unverschlossen und die Seitenscheibe geöffnet. Ich bleibe stehen und notiere mir das Kennzeichen. Mein Blick wandert rundherum, ein Verantwortlicher des Kfz ist nirgends zu sehen. Allerdings bemerke ich vier Burschen, die ein Telecafé verlassen und auf mich zuschlendern. „Was willst du?", werde ich lautstark und mit grimmiger Miene angeblafft. „Gehört jemandem von Ihnen dieses Fahrzeug?" Meine Frage verhallt ungehört, stattdessen: „Warum, hast du Problem?" Ich gehe auf diese provozierende Frage nicht ein, sondern schreibe weiter.

„Ich kenne Fahrer, bleib da, ich holen!" Einer dieser „netten" Heranwachsenden entfernt sich, während die anderen sich auf Arabisch offensichtlich prächtig über mich amüsieren.

Kurze Zeit später kommt eine breitbeinige, vor Kraft strotzende, etwa 160 cm große und der Mimik nach abfällig dreinblickende Person auf mich zu: „Hast du Problem?" Worte voller Hass werden in meine Richtung ausgestoßen. „Ja, dieses Fahrzeug behindert nicht nur den Fußgängerverkehr, sondern ist auch nicht gesichert und steht zusätzlich noch im absoluten Halteverbot. Das ist mein Problem! Sind Sie eventuell der Halter?", entgegne ich. Ein erneutes „Warum?" wird mir entgegengeschleudert. Weitere unvollständige und verächtliche Sätze folgen. Erst meine Anmerkung, dass ich diesen Pkw abschleppen lasse, führt zu der Bemerkung: „Ich fahren Daimler – und jetzt?" Meine Aufforderung, die Papiere zur Person und zum Fahrzeug vorzulegen, führt nach einer längeren Debatte dazu, dass mir der Fahrzeugschein übergeben wird. Meine Frage nach dem Führerschein bzw. nach seinen Personalpapieren wird mit „Schreib Anzeige!", einer abfälligen Handbewegung und kraftmeierischen Schritten in Richtung Mittelstreifen bedacht.

Mit viel innerer Ruhe und Gelassenheit gelingt es mir doch noch, die Papiere zu überprüfen, den Fahrer zu veranlassen, das Fahrzeug zu entfernen, und eine Anzeige zu schreiben. Mittlerweile stehen bereits sieben Menschen, meist Jugendliche, um mich herum und ich verlasse diesen ungemütlichen Kreis mit einem deutlichen Grummeln im Bauch.

Während ich weiterlaufe, erreicht mein Pulsschlag langsam wieder normale Werte. Allerdings komme ich nur bis zur nächsten Kreuzung. Verwundert stelle ich fest, dass auf der anderen Fahrbahnseite nichts mehr „läuft".

Auf der Sonnenallee staut sich der Verkehr hinter einem Lastwagen mindestens 200 Meter lang. Der Grund dafür ist schnell ausgemacht: ein blauer Polo, der in zweiter Spur steht und so den Lkw blockiert. Ich begebe mich in Richtung des Polo und sehe, dass mich die Insassen bemerken und sich sofort demonstrativ zueinander drehen. Mein Klopfen gegen das Fahrzeugfenster wird erst einmal nicht beachtet. Plötzlich wird die Tür aufgerissen und der Beifahrer stürzt wie ein wilder Stier auf mich zu. Durch einen gezielten Stoß mit der flachen Hand gegen seine Brust stoppe ich den vermeintlichen Angriff, er wankt zurück. Überrascht von meiner schnellen Reaktion näselt er schleimig und mit übertriebener Freundlichkeit: „Ich wollt dir bloß deine Brille wieder in die Hemdtasche stecken!" Widerwillig lässt er anschließend die übliche Prozedur der Personalienfeststellung über sich ergehen, wobei er immer wieder wütend arabische Sätze in sich hineinmurmelt.

Kaum bin ich weitergegangen, etwa 30 Meter entfernt, tönt es hinter mir her: „Wär' ich deutsch, hättest du nicht gemacht!" Eine Türkin läuft gemeinsam mit ihrer Tochter kopfschüttelnd vorbei und meint in meine Richtung: „Blöd, frech und respektlos, wo führt das bloß hin!", wobei sie dies zusätzlich mit einer hilflosen Geste ihrer Arme unterstreicht.

Weiter geht's. Die Rütlistraße ist mein nächstes Ziel. Vor dem dortigen Spielplatz laufen vier 12- bis 13-jährige Jungen mit arabischem Migrationshintergrund auf Stelzen den Gehweg herunter. Als sie mich sehen, laufen sie sofort in meine Richtung und stellen zunächst freundlich ein paar grundsätzliche Fragen zum Polizeiberuf. Meine Freude über so viel Interesse wird jäh unterbrochen, als diese frühpubertierenden Knaben plötzlich provokant und lautstark über die Größe ihres Phallus, über die Sexualpraktiken ihrer Schwestern und weitere hier nicht wiedergabefähige pornografische Darstellungen fabulieren. Mir vergeht der Dialog mit diesen Früchtchen ebenso wie die Lust an der Fortsetzung meines Streifenganges und ich kehre zügig zum Polizeiabschnitt zurück.

Doch bevor ich dort meine ernüchternden Erlebnisse schildern kann, kommt mir ein Kollege entgegen und berichtet mir aufgewühlt folgende soeben erlebte Begebenheit:

„Ich stehe am heutigen Morgen auf der gegenüberliegenden Straßenseite der Sonnenallee, genau vor unserem Abschnitt. Dort warten ungefähr zehn Personen darauf, dass die Ampel von Rot auf Grün wechselt. Nicht so ein 20-jähriger afghanischer Mann. Demonstrativ provokant überquert er die Fahrbahn, wobei einige Fahrzeugführer laut hupend ausweichen müssen. Er aber blickt aufreizend in meine Richtung. Nach dem Erreichen meiner Gehwegseite spreche ich ihn an mit den Worten: „Dürfte ich Sie um ein Gespräch bitten?" Hasserfüllt erwidert er: „Was willst du, du Schwuchtel? ... Du hast mir gar nichts zu sagen, du Schwuchtel!" Die nun folgende Beleidigungsanzeige kann nur mit der Unterstützung eines weiteren Kollegen erfolgreich und relativ konfliktfrei ausgefertigt werden!"

Nach diesen Ausführungen des Kollegen verdränge ich zunächst meine eigenen Erlebnisse im Neuköllner Kiez und begebe mich nachdenklich in mein Dienstzimmer.

Am nächsten Tag laufe ich den gleichen Streifenweg gemeinsam mit meinem stellvertretenden Abschnittsleiter, der den Bereich kennenlernen möchte. Wir kommen bis zur Rütlistraße und treffen auf den amtierenden Schulleiter der dortigen Schule. Während wir zusammenstehen und unsere Gedanken austauschen, erhalte ich plötzlich einen massiven Stoß in den Rücken und taumle nach vorne. Ein 14-jähriger Schüler ist mir offensichtlich in den Rücken gesprungen oder wurde in meine Richtung geschubst. Mein Schreck, der Schmerz, meine aufkommende

Wut kann nur mühselig gebremst werden. Ich bin sprachlos!

Ach übrigens: Die 16 deutschen Fahrradfahrer ohne Migrationshintergrund, die mir rasant und ohne schlechtes Gewissen auf den Gehwegen entgegenkamen, mich fast umfuhren und dabei immer mit denselben Ausreden antworteten, wie: „Ist denn das Fahrradfahren auf dem Gehweg verboten?" oder: „Kümmern Sie sich lieber um wichtigere Dinge!" und viele, viele Ausreden mehr, möchte ich hier nur vollständigkeitshalber erwähnen. Wie selbstverständlich vergaßen diese in der Mehrzahl auch nicht, mich penetrant darauf hinzuweisen, wie ökologisch wertvoll ihr Beitrag zum Straßenverkehr sei. Ihr persönlicher „Persilschein" für Verkehrsverstöße jeglicher Art.

Diese zwei Streifengänge sollten zunächst exemplarisch zeigen, wie wichtig mir der Gesichtspunkt des Respekts untereinander ist. An der Reaktion von Fadi Saad auf meine Schilderungen merkte ich, dass er offensichtlich ähnliche Erfahrungen in seiner Arbeit sammeln musste.

Respekt – Angst, Unterwerfung oder Achtung?

Während meiner Arbeit mit Jugendlichen und vor allem auf meinen Lesereisen thematisiere ich auch das Thema *Respekt*. Auf meine Frage „Was ist Respekt für euch?" antworten die meisten: „Respekt ist, auf jemanden zu hören." Was genau damit gemeint ist, wird deutlich, wenn sie mir Beispiele geben. Respekt ist, seinen Eltern zu gehorchen, zu machen, was die Eltern sagen. Eine Frau hat auf ihren Mann zu hören und das zu machen, was er sagt. Mir wird schnell deutlich, dass sie eher Angst meinen und nicht Respekt, oder sind sich diese Bedeutungen vielleicht doch sehr nah?

Aber ich höre auch Sätze wie: „Ich habe Respekt vor Älteren." Wie aber kann man Respekt erkennen? Beruht

Respekt nicht auf Gegenseitigkeit? Dann kommen Sätze wie: „Ich respektiere andere wie sie mich." Darin sind sich auch alle Schüler einig. Dann zählen wir weitere Punkte auf. Den anderen zuzuhören. Aber auch das Siezen ist ein Zeichen von Respekt.

Was versteht man in anderen Kulturen unter Respekt? Die Anrede „Sie" gibt es zum Beispiel im Arabischen nicht, Ältere werden hier mit *Ammou* (Onkel) oder *Chaltu* (Tante) und im Türkischen mit *Amscha* (Onkel) oder *Teesa* (Tante) bzw. mit *Abi* (großer Bruder) oder *Abla* (große Schwester) angesprochen. Aber es gibt auch bestimmte Gesten, mit denen man seinen Respekt vor einer anderen Person bekundet.

Nehmen wir zum Beispiel einen Schüler der dritten Klasse. Er steht vor dem Lehrer und muss sich, nachdem er negativ aufgefallen ist, etwas anhören. Der Schüler steht vor dem Lehrer, schaut auf den Boden und hört dem Lehrer zu. Wie reagiert darauf der Lehrer? „Schaust du mich gefälligst an, wenn ich mit dir rede!", sagt er. Natürlich gehört auch das „In-die-Augen-Gucken, wenn ich mit jemandem rede", zum Respekt-Zeigen. Aber der Junge hat das genau anders kennengelernt, was der Lehrer auch wissen und respektieren sollte.

Das „Auf-den-Boden-Sehen" bedeutet nämlich nicht gleich Unterwerfung, sondern vielmehr die Achtung vor dem Lehrer zu zeigen. Ich selbst mache das bis heute. Wenn ich etwas angestellt oder falsch gemacht habe, kann ich meinem Vater nicht in die Augen sehen. Im Arabischen wird auch viel mehr darauf geachtet, ob man die Traditionen kennt und einhält. Zum Beispiel gibt man nicht zuerst einer Frau die Hand, sondern immer der Person von rechts nach links, unabhängig davon, wer da sitzt. Üblich ist es auch, erst dem oder der Ältesten die Hand zu reichen. Im Türkischen zum Beispiel wird den Älteren die Hand geküsst und auch hier ist dies kein Zeichen von Unterwerfung, sondern vielmehr eine Geste der Achtung vor dem anderen. In der orientalischen Kultur werden Achtung und Respekt Älteren gegenüber sehr hoch angesehen und gelehrt. Ist oder war das in Deutschland anders?

Aber auch Wertschätzung und Anerkennung sind ein wesentlicher Teil gegenseitigen Respekts. Ich kann auch vor den besonderen Leistungen anderer Respekt haben. Davon haben die Jugendlichen in der Regel zu wenig erfahren. Es wird viel eher auf ihre Fehler und Schwächen als auf ihre Leistungen und Stärken geachtet. Aber dazu später mehr.

Wir müssen auch respektieren, wenn jemand anderer Meinung ist. Insbesondere dann, wenn jemand anders ist als wir selbst. Darunter verstehen wir *Toleranz*. Können wir diese Begriffe voneinander trennen?

Toleranz

Respekt und Toleranz können definitiv nicht voneinander getrennt werden! Diese Begriffe gehören einfach zusammen. Wenn wir uns einen Bolzplatz anschauen, sehen wir Jugendliche aus mindestens zehn Kulturen, wenn nicht viel mehr. Ja, auch deutsche Jugendliche sind darunter. Und auf den Spielplätzen erleben wir ein ähnliches Bild. Kinder besitzen noch den Luxus, keine Vorurteile zu haben, sie sind bei ihrer Entscheidung, mit wem sie spielen wollen, noch unvoreingenommen. Doch je älter wir werden, desto mehr Vorurteile entwickeln wir anderen gegenüber. Es sind die Erfahrungen, die wir mit anderen Menschen und Kulturen machen. Wenn eine Gruppe arabischer Jugendlicher Drogen verkauft, dann heißt es gleich, „die Araber" handeln mit Drogen. Wenn ein Deutscher eine Flasche Bier in der Hand hält, heißt es gleich, „die Deutschen" sind Alkoholiker. Wenn ich frage: „Was fällt euch zum Begriff ‚Pole' ein?", kommen sofort Antworten wie „Dieb", „Klauen", „Zigaretten" usw. Wie viel wir von anderen zu wissen glauben, ohne dass wir uns tatsächlich kennen ...

In der Grundschule unterscheiden die Kinder nur zwischen Muslimen und Christen. In der Oberschule kommt dann die Frage hinzu: „Was für ein Moslem oder Christ bist du?" Sie lernen zu unterscheiden zwischen Aleviten und Sunniten oder zwischen Protestanten und Katholiken. Und das Gemeinsame, das uns Verbindende? Eigentlich sprechen wir immer wieder davon und jeder weiß es. Es ist sogar im Grundgesetz verankert: Alle Menschen sind vor dem Gesetz gleich. Und weiter: Männer und Frauen sind gleichberechtigt. Niemand darf wegen seines Geschlechtes, seiner Abstammung, seiner Rasse, seiner Sprache, seiner Heimat und Herkunft, seines Glaubens, seiner religiösen oder politischen Anschauungen benachteiligt oder bevorzugt werden bzw. niemand darf wegen seiner Behinderung benachteiligt werden. Aber wie sieht die Realität aus?

In der Realität sieht es ganz anders aus. In jedem Lebensbereich ist es zu beobachten: Arbeitgeber, die nach dem Äußeren eines Menschen ihre freien Stellen vergeben. Schüler oder Schülerinnen, die irgendwie anders sind, werden in der Schule gemobbt und so weiter und so weiter; die Liste ließe sich noch lange fortführen.

Das erste Projekt: KörnerCup

Das Vorhaben

Nachdem Gaertner und ich uns kennengelernt hatten und uns eigentlich in fast allen Punkten einig waren, gingen wir in die nächste Phase über. Gemeinsam überlegten wir, was wir initiieren können, um den beschriebenen Problemen –

die Vorurteile untereinander, das Tragen von Waffen und die Respektlosigkeit – entgegenzuwirken. Dazu gehörte in erster Linie, die unterschiedlichen Gruppen zusammenzubringen und damit eine Basis zu schaffen, auf der weitergearbeitet werden kann. Dazu gehörte vor allem, die Vorurteile untereinander abzubauen und mehr Verständnis füreinander zu schaffen. Weiter wollten wir vor allem eine „gewaltfreie Zone" im Kiez bekommen. Wow, das waren große Ziele und Vorhaben, die wir uns da vorgenommen hatten! Doch wie sollte das alles konkret aussehen?

Sprache ist eine der wichtigsten Voraussetzungen für ein gutes Miteinander. Damit meine ich aber nicht „Deutsch" als Landessprache. Wobei eines natürlich klar sein sollte: Die Sprache des Landes, in dem ich lebe, sollte ich sprechen und verstehen können. Doch das Sprachproblem meine ich hier gar nicht. Wir brauchten vielmehr etwas Generationen- und Kulturübergreifendes, in dem wirklich alle gleich sind und eine Chance haben. Wir mussten die Jugendlichen da abholen, wo sie sind, und was eignete sich besser als der Bolzplatz, welcher von dem Großteil der Jugendlichen als zentraler Punkt im Kiez genutzt wird. Der Sport erschien uns als eine geeignete Methode, daher haben wir uns für ein gemeinsames Fußballturnier entschieden. Der erste Gedanke, eine Polizeimannschaft gegen eine Jugendmannschaft spielen zu lassen, war keine schlechte Idee, aber das Interesse und der Bedarf im Kiez war deutlich größer. Also musste die Anzahl der ursprünglich geplanten zwei Mannschaften erhöht werden.

Der Plan, ein gemeinsames Fußballturnier zu veranstalten, fand vorerst großes Interesse im Kiez. Aber dass die Jugendlichen mit dabei sein würden, stieß auf wenig Begeisterung: „Was ist, wenn etwas passiert?" „Die können sich doch nicht benehmen!" „Mit denen spielen wir nicht!"

Die Aussagen der Jugendlichen waren ähnlich: „Wir spielen nicht mit der Polizei!" „Die können wir dann faulen und bekommen keine Anzeige, haha!" „Wir spielen nicht gegen Mädchen und Frauen!".

Also war das Motto des Turniers klar: „Gemeinsam für Toleranz und Respekt". So ist der *KörnerCup* entstanden. Um dieses Ziel zu erreichen, musste ich viele „Klinken putzen". Wir wollten möglichst viele unterschiedliche Mannschaften zusammenbringen. Mit dem Turnier wollten wir zeigen, wie vielfältig unser Kiez ist, das heißt, das Turnier musste den Kiez widerspiegeln. So sprach ich die Gewerbetreibenden, die Schulen im Kiez, die Bewohnerinnen und Bewohner an. Dass die Polizei und die Feuerwehr mit einer eigenen Mannschaft teilnehmen, war dabei ein wesentlicher Aspekt des KörnerCup.

Gemeinsame Werte

Während ich vom Büro des Quartiersmanagements zum Polizeiabschnitt zurücklief, wurde mir bewusst, dass Fadi (wir sprachen uns mittlerweile mit unseren Vornamen an) in vielen Dingen ähnlich oder sogar genauso dachte wie ich und dass er auch gewillt war, Probleme nicht nur anzusprechen, sondern sie aktiv zu ändern. Dieses Fußballturnier unter dem Motto „Gemeinsam für Toleranz und Respekt" war auch aus meiner Sicht eine Möglichkeit, die unterschiedlichsten Gruppen zusammenzubringen und so zumindest diese von unserem Motto zu überzeugen. Ich war frohen Mutes, denn die optimistische Grundhaltung, die Beharrlichkeit und die überzeugende Argumentation von Fadi entfachten auch bei mir eine gewisse, wenn auch kleine Vorfreude auf dieses Projekt. Nun galt es, meine Kollegen und die Kollegen der Feuerwehr davon zu überzeugen, jeweils eine Fußballmannschaft zu stellen. In meinem

Büro erwartete mich aber zunächst wieder der ganz normale, alltägliche „Wahnsinn". Der vorliegende Fall allerdings, der von mir weiterbearbeitet wurde, brachte mich zum Lachen.

„Flasche leer" oder vom Aufwand und Nutzen bei der Gründung einer zweiten Existenz

Das Leben eines städtischen Müllentsorgers füllt einen nicht immer vollständig aus. Kommt dann noch der Sachverstand eines BWL-Studenten im 3. Semester und die gemeinsame Sehnsucht nach einer Lebensführung in „Saus und Braus" dazu, ist es nicht mehr weit bis zur Gründung eines Wirtschaftunternehmens der Extraklasse.

Vater und Sohn, beide voller Elan, entdeckten pfiffig eine Lücke in dem vom Ex-Minister Trittin so hoch gelobten Abfallentsorgungskreislauf: nämlich die pfandfreien Plastikflaschen! Tatendurstig beschlossen sie, damit so richtig „Kohle" zu machen. Zunächst wurden mit den Euros vom bereits reichlich angesparten Bankguthaben das erforderliche Equipment wie Computer, Scanner und Drucker für über 1500 Euro erworben. Nachdem die technische Ausstattung stand, ging es energiegeladen an die Produktion. Voller List und Tücke kauften sie eine normale Plastikpfandflasche, lösten mit Geschick und Spucke das Strichcode-Etikett ab und scannten es in den Computer. So wurden unzählige Dubletten erzeugt, bearbeitet, ausgedruckt und säuberlich ausgeschnitten.

Jetzt war der zweite Arbeitsschritt gefordert. Mülleimer und Container wurden in Augenschein genommen und einige Stunden später hatte unser Vater-Sohn-Gespann (so viel zu elterlichen Vorbildern) dreißig pfandfreie Flaschen zusammengetragen. Mangels einer Werkstatt begab man sich gemeinsam aufs Parkdeck eines großen Lebensmitteldiscounters, also direkt zur Quelle des nächstgelegenen Pfandautomaten, und begann geschickt, die mühselig angefertigten Dubletten auf die Flaschen zu kleben. Freudig klatschte man sich ab und war bereits am Pfandautomat, um die ersten 7,50 Euro aufs gemeinsame Geschäftskonto „wandern" zu lassen, als plötzlich der Geschäftsdetektiv, Herr Fuchs, erschien. Dieser machte seinem Namen alle Ehre. Er hatte jene emsige Produktionsgemeinschaft bereits voller Erstaunen eine Weile beobachtet und stellte ohne zu zögern unangenehme Fragen. Die daraufhin alarmierte Staatsmacht präsentierte sich in Gestalt zweier Kollegen meiner Dienstgruppe, die mit einer ausgezeichneten kriminalistischen Vorbildung gesegnet waren. Blitzschnell wurde die Betrugsabsicht erkannt und vom Vater sowie vom Sohn beschämt und leicht errötend eingeräumt.

Sprachlos mussten diese mit ansehen, wie anschließend nicht nur die umetikettierten Plastikflaschen als Beweismittel beschlagnahmt wurden, sondern auch, wie bei der dann folgenden Wohnungsdurchsuchung Computer, Scanner und Drucker in staatliche Obhut übergingen.

Der Kinoabend

Nach dieser überraschend erfrischenden Geschichte machte ich Feierabend und freute mich auf einen gemeinsamen Kinobesuch mit meinen Kindern. Wir fuhren zum Kino und saßen schon bald erwartungsvoll im gut besuchten Saal. Der Hauptfilm hatte noch nicht begonnen, als wir lautstarke arabische Wortfetzen vernahmen. Fünf Reihen vor uns hatten zwei junge Pärchen Platz genommen und unterhielten sich rücksichtslos und lautstark lachend. Bitten der um sie herum Sitzenden, den Film in Ruhe genießen zu dürfen, ignorierten sie vollständig. Im Gegenteil, sie pöbelten lauthals los und drohten sogar mit körperlichen Auseinandersetzungen. Dass sie dabei noch flächendeckend ihr Popcorn auf die Kinositze und den Boden verteilten, sei nur nebenbei erwähnt. Unser so gemütlich begonnener Kinoabend endete auf diese Weise abrupt und höchst unerfreulich. Meine Arbeit holte mich gedanklich wieder ein, und mir fiel sofort unser Ausgangsmotto des KörnerCups ein: „Respekt und Toleranz"! Bei diesen vier Jungerwachsenen waren offensichtlich jene beiden Eigenschaften während der Erziehung durch ihre Eltern total außer Acht gelassen worden.

Zwei Tage später ging ich zur Wache der Feuerwehr in der Emserstraße, mitten im Körner-Kiez. Nachdem ich bereits bei meinen eigenen Kollegen nicht gerade auf ungeteilte Begeisterung über das geplante Fußballturnier gestoßen war, erlebte ich hier zunächst eine glatte Ablehnung. Der Wachleiter erklärte mir dies folgendermaßen: „Wir als Feuerwehrleute sollen den Menschen in Notsituationen helfen und riskieren dafür nicht selten unser Leben. Was erleben wir aber in den letzten Jahren immer öfter, ja teilweise sogar täglich? Junge, fast ausschließlich männliche Migranten behindern uns bei unserer Rettungsarbeit massiv. Wir werden beleidigt, bespuckt, teilweise angegriffen. Und dies bei unserer ohnehin schon belastenden und körperlich schweren Arbeit. Das hat solche Dimensionen angenommen, dass einzelne Kollegen regelrechten Groll auf diese Menschen mit ausländischen Wurzeln haben, und es sind praktisch fast nur diese." Er berichtete mir dann von einigen Einsätzen, an denen er teilgenommen hatte, und ich hatte durchaus Verständnis für seine Ablehnung. Immer häufiger erleben auch meine Kollegen und ich solche nicht nachvollziehbaren hasserfüllten Gewaltausbrüche von teilweise völlig Unbeteiligten bei Einsätzen jeglicher Art. Während unseres Gesprächs, das muss ich gestehen, kamen auch bei mir Zweifel an unserem Fußballvorhaben auf. Sofort fielen mir eigene, sehr ähnliche

Einsatzsituationen ein, die mich nicht nur erschreckt, sondern auch richtig böse gemacht hatten. Einige werde ich im Verlauf des Buches noch schildern. Aber mir wurde gerade in diesem Moment bewusst: Fadi und ich, wir waren auf dem richtigen Weg. Es musste etwas geschehen. Dies machte ich auch dem Wachleiter deutlich und er versprach, mit seinen Leuten zu sprechen und mich dann anzurufen, um mir das Ergebnis mitzuteilen. Etwas bedrückt, aber hoffnungsfroh kehrte ich zum Polizeiabschnitt zurück.

Nun galt es, meine mit fußballerischem Geschick gesegneten Mitarbeiter auf dieses Turnier einzuschwören. Allerdings war da noch ein Problem, welches ich bei meinem Gespräch mit Fadi erkannt und sofort benannt hatte. Die Mannschaften sollten gemischt – also weder nach Geschlechtern getrennt noch nach Altersstufen eingeteilt – miteinander um den KörnerCup spielen. Bildlich sah das dann so aus: Die teilweise zwei Meter großen und meist um die 25 Jahre alten Feuerwehrleute und Polizisten kämpften gegen z. B. siebenjährige, einssechzig kleine, zartgebaute Mädchen um den Ball. Allein schon ein leichtes Tuschieren untereinander konnte meiner Meinung nach zu erheblichen Verletzungen bei den körperlich weit Unterlegenen führen. Diese Bedenken wischte Fadi in seiner ureigenen Art locker mit den Worten vom Tisch: „Karlheinz, du wirst sehen, sie nehmen untereinander so viel Rücksicht, da gibt es keinerlei Verletzungen und das ist ja auch das Motto dieser auf gegenseitigem Respekt und Toleranz angelegten Veranstaltung. Hier können alle beweisen, ob sie es ernst meinen mit unserem Motto!"

Meine Skepsis war zwar nicht völlig verschwunden, aber der zuversichtliche und völlig von seiner Ansicht überzeugte Fadi machte auch mich zuversichtlicher.

Vorbereitung des Turniers

Um ein solches Turnier zu organisieren, gehört mehr dazu als nur einen Ball zu besorgen. Um genau das den Jugendlichen zu zeigen, aber auch um ihnen eine gewisse Verantwortung abzuverlangen, sollten die Jugendlichen von Anfang an in die Planung involviert werden.

Ich suchte mir also eine Gruppe von Jugendlichen zusammen und setzte sie zu mir ins Büro. „Wollt ihr, dass wir ein Turnier veranstalten?" – „Ja, na klar!", sagten sie. „Also, dann müsst ihr das auch organisieren, immerhin ist es ein Turnier für euch. Ich helfe euch mit allem, aber ihr müsst es umsetzen." Wir begannen mit einem Brainstorming. Anschließend verteilten wir die Aufgaben, dazu gehörte es, in den benachbarten Einrichtungen nach Bänken, Tischen, einem Grill und Sonnenschirmen anzufragen. Als es um die Festlegung der Mannschaften ging, kamen die meisten Fragen auf. Das Komitee (Jugendgruppe) bestand aus Mädchen und Jungs aus dem Kiez. Mir war wichtig, dass alle Entscheidungen mit den Jugendlichen gemeinsam getroffen werden. Über diesen Weg wollte ich ihnen eine Stimme im Kiez geben. Als dann Karlheinz Gaertner zu den weiteren Treffen dazukam, waren die Jugendlichen über seinem Besuch sehr überrascht. Sie wussten zwar, dass ein Polizist kommen würde, aber dass es gleich der „Boss" (Dienstgruppenleiter) war?! Sie waren so irritiert, dass sie anfangs sprachlos waren. Im Laufe des Gesprächs tauten sie auf und wir konnten mit der Planung des Turniers weitermachen. Wir legten die Gruppenstärke, Spielzeit usw. fest. Dabei kam die Idee auf, auch die angrenzende Selkestraße für weitere Aktionen wie den Fahrradparcours der Polizei abzusperren. Hier bekamen wir große Unterstützung vom Verkehrspolizisten. Er half mir, eine Skizze für meine Anträge fertig zu machen. Als die Verkehrsschilder aufgestellt werden sollten, kamen die Jugendlichen hinzu und mit Hilfe des Polizisten wurden diese dann aufgestellt. Für die Jugendlichen waren die Organisation und die mit großer Verantwortung durchgeführten Aufgaben eine ganz neue Erfahrung.

Das große Turnier

Endlich kam der große Tag, der 21. April 2007, und wir alle waren gespannt, wie es ausgehen würde. Wie erwähnt nahmen 16 Mannschaften am Turnier teil. Als Schirmherrn hatten wir den Fußballprofi Zafer Yelen gewinnen können. Karlheinz sponserte den Wanderpokal und zwei Fußbälle. Von den Gewerbetreibenden wurden Getränke und Snacks gespendet. Eltern aus dem Kiez kümmerten sich um den Grill. Es war schwer zu beschreiben, ob es nun ein Fußballturnier oder ein Familienfest war, aber es war jedenfalls herrlich. Die Stimmung wie auch das Wetter waren perfekt. Die Preisverleihung nahmen Karlheinz und ich vor. Alle Spieler bekamen eine Medaille mit der Aufschrift „1. Platz Körner-Cup 2007 – Gemeinsam für Toleranz und Respekt".

Nach dem Spiel sagten die Jugendlichen: „Die Polizisten waren echt cool und nett." Die Gewerbetreibenden sagten dasselbe über die Jugendlichen. Aber auch die Mannschaften der Polizei und der Feuerwehr waren vom Turnier begeistert. Wir hatten unser Ziel erreicht!

Dienstbetrieb

Erfreulicherweise rief mich der Wachleiter der Feuerwehr an und teilte mir mit, dass seine Kollegen trotz ihrer Bedenken eine Fußballmannschaft stellen werden. Dies freute mich umso mehr, als auch ich inzwischen einige fußballbegeisterte Mitarbeiter überzeugt hatte, mitzuspielen. Voller Vorfreude teilte ich dies Fadi mit und dieser übernahm seinen Teil der Vorbereitungen.

Der normale Dienstbetrieb lief selbstverständlich weiter. Dabei erstaunte mich zunächst ein Vorfall, den mir zwei erfahrene Kollegen ungläubig und auch etwas aufgebracht mitteilten: Sie hatten den jugendlichen Dieb eines Portemonnaies aus dem Kinderwagen einer jungen Frau bei seiner Tat beobachten können und waren ihm anschließend, als dieser flüchtete, hinterhergerannt. Dabei sahen sie, wie er in einer Ladenwohnung in einem Alt-Berliner Mietshaus verschwand. Als die Kollegen diese etwas außer Atem erreichten, stellten sie fest, dass es sich um die Räume einer Selbsthilfegruppe für entlassene Straftäter handelte. Passte ja irgendwie, dachten sie, und betraten hastig die Einrichtung. Was nun allerdings folgte, setzte sie nicht nur in Erstaunen, sondern sie waren regelrecht „baff". Unmittelbar nach dem Betreten stellte sich ihnen ein Mitarbeiter dieses Vereins entgegen und forderte sie ultimativ auf, diese Räume zu verlassen: „Hier hat die Polizei keinen Zutritt! Die von uns betreuten, ehemaligen Häftlinge reagieren auf Uniformen sehr empfindlich, ja sogar allergisch. Darauf müssen wir Rücksicht nehmen, sonst können wir nicht mit denen arbeiten!"

Auf den Einwurf der Kollegen, dass es sich um einen flüchtigen Dieb handelte, der hier soeben hineingerannt war, erwiderte dieser verblendete „Sozialarbeiter" nur: „Das ist egal, Polizei ist hier unerwünscht!", und er verstellte den Kollegen erneut den Weg. Nachdem er gewaltsam zur Seite gedrängt worden war, hatte dieses Gespräch doch ausgereicht, dass der Taschendieb währenddessen durch den Hinterausgang auf nimmer Wiedersehen verschwunden war. Der Sozialarbeiter besaß allerdings noch die Frechheit, den Kollegen damit zu drohen, dass er sich über ihr Vorgehen an „höherer" Stelle beschweren wolle.

In der Tat kam es einige Tage später zu einem Gespräch in Form eines runden Tisches, dessen Ergebnisse mehr als mager waren. Seitens der Polizei, also von mir, wurde allerdings deutlich gemacht, dass dieses Verhalten nicht geduldet werden kann und dass auch eine Selbsthilfe- einrichtung keinen rechtsfreien Raum darstellt.

Straftäter betreut und mit Hilfsangeboten überschüttet

An dieser Stelle möchte ich betonen, dass es immer wieder erstaunlich ist, in welchem Umfang Straftäter betreut und mit Hilfsangeboten überschüttet werden, während über die Opfer von Straftaten fast überhaupt nicht gesprochen wird. Dass die oben erwähnte junge Mutter ihr gestohlenes Portemonnaie mit über 350 Euro nicht wiederbekam und sie deshalb einige bittere Tränen vergoss, weil ihr somit das Kostgeld für die nächsten Wochen fehlte, kümmerte je- nen „hochsensiblen" Sozialarbeiter, von dem ich im letzten Kapitel erzählte, übrigens nicht im Geringsten.

Selbstverständlich machen die meisten Sozialarbeiter ihre teilweise sehr schwierige Arbeit ausgesprochen gut, aber leider gibt es immer wieder solche, die vor lauter „Gut- menschentum" den normalen Menschenverstand irgend- wo an der Garderobe abgegeben haben. Interessant in die- sem Zusammenhang ist auch, dass es mittlerweile eine kaum mehr zu überblickende Anzahl von Selbsthilfegrup- pen, Vereinen, Zusammenschlüssen usw. für hilfsbedürfti- ge Menschen, aber auch für die absonderlichsten Anliegen gibt. Dabei fehlt nicht nur aus meiner Sicht, wie mir erst kürzlich auch der Leiter des Quartiersmanagements bestä- tigte, eine wirkliche Übersicht. Diese mit staatlichem Geld finanzierten Selbsthilfegruppen bedürfen unbedingt einer besseren Kontrolle.

Hier möchte ich aus polizeilicher Sicht auf ein weiteres Beispiel mit sehr problematischem Hintergrund eingehen. Eine Kollegin aus meiner Dienstgruppe, die sich u. a. einge- hend mit Kinderschutz beschäftigt, nimmt an einer Pressekonferenz teil, zu der eine Selbsthilfegruppe für sexuell missbrauchte Jungen eingeladen hatte. Dabei versteigen sich zwei der Mitarbeiter dieser aus meiner Sicht durchaus sinnvollen Einrichtung zu der Behauptung, dass sich die Polizei nicht genug um diese Straftaten und somit auch um diese missbrauchten Jungen kümmere. Sie behaupteten weiterhin allen Ernstes, dass die Polizeimitarbeiter in der Regel keinen Zugang zu diesen Jungen hätten. Sie selbst würden eine Vielzahl von Treffpunkten dieser abartig veranlagten Männer kennen, die Polizei sei aber viel zu selten tätig. Auf konkrete Nachfragen der anwesenden Polizeibeamten, diese Treffpunkte doch gleich zu benennen, um sofort tätig zu werden, kamen nur ausweichende Antworten. Ja, es wurde sogar argumentiert, dass die Polizei im Umgang mit den missbrauchten Jungen nicht sensibel genug sei und dass sie deshalb nur ungern mit uns zusammenarbeiteten. Dies ist schon deshalb falsch, als wir gerade in den letzten Jahren eine Vielzahl von Mitarbeitern fachlich geschult haben. Diese sind ausgesprochen engagiert und kümmern sich teilweise aufopferungsvoll um diese Missbrauchsopfer. Dass es nicht immer zum Erfolg führt, liegt ganz einfach daran, dass die missbrauchten Jungen selbst aus unsäglichen Familienverhältnissen kommen, in denen es weder Zuneigung noch ordentliche Familienstrukturen gibt. Dies macht sich der „Missbrauchende" zunutze und täuscht all das an Zuwendung und Interesse vor, welche die Jungen nie erlebten. Hinzu kommen die finanziellen Zuwendungen, die der „Missbrauchte" nicht verlieren möchte. So können diese Jungen nur schwer überzeugt werden, gegen diese aus ihrer Sicht „netten Onkel" auszusagen.

Bushido fürs Rahmenprogramm?

Zurück zum Turnier. Das Ereignis rückte näher und Fadi teilte mir eine Woche zuvor voller Stolz und Freude mit, dass er den Rapper *Bushido* fürs Rahmenprogramm gewonnen hätte und dadurch mit Sicherheit wesentlich mehr Zuschauer erscheinen würden. Dies führte bei mir aber nicht unbedingt zu Freudenausbrüchen, im Gegenteil. Bushido steht aufgrund seiner bekannten Songtexte für Gewaltverherrlichung, Frauenfeindlichkeit und Intoleranz. Eben für all das, was im Gegensatz zu den Zielen unseres multikulturellen Fußballturniers stand. Ich machte Fadi eindrücklich darauf aufmerksam, dass dieser Auftritt nicht nur insgesamt kontraproduktiv wäre, sondern dazu führen würde, dass die Fußballteams von Feuerwehr und Polizei nicht mehr an dem Turnier teilnehmen würden. Nach kurzem Nachdenken sagte Fadi diesen Auftritt Bushidos, wie ich im Nachhinein erfahren habe, voller eigener Überzeugung wieder ab.

Die Polizei belegt den zweiten Platz

Es sollte ein Fußballturnier unter dem Motto „Gemeinsam für Toleranz und Respekt" werden und – es wurde viel mehr als das! Nämlich eine von Fairness und guter Laune geprägte „Kickerei" zwischen Jugendlichen, Kiezbewohnern, Gewerbetreibenden, Feuerwehrleuten und der Polizei. Beispielgebend für so manche, mit brutaler Härte geführten Fußballspiele, die wir immer häufiger von Amateur- und Profimannschaften geboten bekommen.

Vom überaus engagierten Ideengeber Fadi Saad, dem Vertreter des Quartiersmanagements, und uns, der Polizei, veranstaltet, ließ dieses lockere Samstagnachmittagsvergnügen vergessen, dass sich hier am Schierker Platz ein sozialer Brennpunkt Neuköllns befindet. Weder das Alter, noch Geschlecht, noch Herkunft spielten eine entscheidende Rolle, hier war nur Spaß gefragt.

Es war geradezu ansteckend, am Spielfeldrand zu stehen und zuzusehen, mit welchem Feuereifer die Mitspieler

Preisverleihung KörnerCup 2007 (© Fadi Saad)

der 16 Mannschaften bei der Sache waren. Als dann noch die jugendliche Kiezplatzmannschaft gewann und jeder Teilnehmer eine tolle goldfarbene Medaille überreicht bekam, entdeckte man auch bei den weniger erfolgreich agierenden Spielern fast ausnahmslos strahlende Gesichter.

Ich will hier nicht verhehlen, dass ich ein wenig überrascht bzw. entsetzt war, als mir bei der Siegerehrung der

Pokal plötzlich von einem der Jugendlichen aus der Hand gerissen wurde, um ihn anschließend mit wildem Geheul rennend durch die Zuschauermenge zu tragen. Fadi sagte nur zu mir: „Kalle, bleib' ruhig, die sind eben manchmal ein wenig wild, beim nächsten Turnier wird das schon noch besser!"

Allein dieser Satz von Fadi und seine zuvor demonstrierte Ruhe und Gelassenheit als Veranstalter, Schiedsrichter und „Mädchen für alles" bewirkten auch bei mir eine innere Gelassenheit und bestärkten meine Überzeugung: Mit Fadi wird es auch in Zukunft sehr gut laufen!

Mit ein wenig Stolz muss natürlich erwähnt werden, dass meine Mannschaft einen hervorragenden zweiten Platz, knapp vor der Feuerwehr, belegte.

Resümierend können wir – mit einem großem Dank an alle Unterstützer – zu Recht sagen, dass das Turnier seit seiner ersten Veranstaltung zum Selbstläufer geworden ist und dass mittlerweile (2011) sogar 22 Mannschaften mitspielen. Nicht zuletzt dank André Ruschkowski von Evin e.V., dem QM Team Körnerpark und der 4. Dienstgruppe des Polizeiabschnitts 55 ist dieser Erfolg zustande gekommen.

Jugendgewalt und Prävention

Kooperation von Polizei und sozialen Einrichtungen

Hier hat die Polizei keinen Zutritt

Die kommunalen Einrichtungen sind in den letzten Jahren stark in die Trägerschaft der freien Träger gekommen. Der Kampf um die Fördermittel aus den verschiedensten Töpfen hat Hochkonjunktur. Das merken wir Quartiersmanager, wenn wir ein Projekt ausschreiben. Es bewerben sich meist neben den vor Ort ansässigen Institutionen zahlreiche Bewerber aus anderen Bezirken, ja sogar aus anderen Bundesländern.

In Berlin zum Beispiel gibt es einige große Träger, die in der Jugendarbeit bekannt sind. Und hier kann ich Karlheinz nur recht geben. Die Träger meiden in den meisten mir bekannten Fällen die Zusammenarbeit mit der Polizei. Aber ich kann in gewisser Weise auch den Sozialarbeiter der Selbsthilfegruppe verstehen, wenn er sagt: „Hier hat die Polizei keinen Zutritt, die von uns betreuten, ehemaligen Häftlinge reagieren auf Uniformen sehr empfindlich, ja sogar allergisch. Darauf müssen wir Rücksicht nehmen, sonst können wir nicht mit denen arbeiten!" Auch dieses Beispiel zeigt, wie sehr die Zusammenarbeit fehlt.

Die Arbeit mit Jugendlichen, Familien bzw. im sozialen Bereich generell beruht vor allem auf Vertrauen. Um diese Vertrauensbasis bilden zu können, müssen Bedingungen geschaffen werden, die manchmal von außen absurd aussehen. Ehe man sie verurteilt, sollte nachgehakt werden, warum es so ist. Natürlich bietet eine Selbsthilfeeinrichtung keinen rechtsfreien Raum, aber sie dient für viele Hilfesuchende als Schutzraum. Was natürlich nicht heißen darf, dass Flüchtige Unterschlupf erhalten.

Um das zu verstehen, muss man weiter zurückgehen. Anfangs hatte ich erwähnt, dass der Hass gegenüber der Polizei sehr tief sitzt. Die Hilfesuchenden oder Jugendlichen, mit denen wir arbeiten, haben schlechte Erfahrungen gemacht. Nun liegt es an uns, einerseits das Bewusstsein zu schaffen, wie wichtig es ist, im Leben wieder Fuß zu fassen, und gleichzeitig den Hass abzubauen. Das Beispiel mit dem KörnerCup hat es gezeigt: Anfangs waren die Vorurteile untereinander groß und erst durch das Turnier konnte ein Großteil davon abgebaut werden.

Wie kann eine Zusammenarbeit aussehen?

Also stellt sich die Frage, wie kann eine Zusammenarbeit zwischen den sozialen Einrichtungen und der Polizei aussehen, zumal die präventive Arbeit der Polizei und die begleitende Arbeit der sozialen Einrichtungen nur selten im Zusammenhang erwähnt werden. Auch ich werde immer gefragt: Wie läßt sich eine solche Konstellation hinbekommen?

Es geht ja nicht darum, der Polizei zu helfen, indem ich irgendwelche Jugendlichen verpfeife oder ihr einen Tipp gebe, sondern vielmehr darum, das gegenseitige Verständnis zu fördern und die Situation des Betreffenden kennenzulernen. Dazu gehört auch das Erlangen interkultureller Kompetenzen. In manchen sozialen Brennpunkten leben mehr als 150 Nationen. Diese kennenzulernen und zu verstehen bedarf einer langjährigen Erfahrung und Arbeit vor Ort. Aber vor allem bedarf es einer Bereitschaft von *beiden* Seiten. Die unterschiedlichsten Umstände im Kiez können Gründe für Missstände sein, aber sie sind definitiv keine Entschuldigung für Straftaten! Wir haben alle unsere Grenzen in der Arbeit, auch die Polizei. Wenn ich also mit einem Jugendlichen spreche und auch möchte, dass er mir seine Situation schildert, selbst wenn sie erst einmal mit Straftaten verbunden ist, kann ich keinen Polizisten neben mir sitzen haben. Der Jugendliche würde nicht viel erzählen und der Polizist müsste zudem eine Strafanzeige aufnehmen. Aber ich kann erst das Gespräch mit dem Jugendlichen führen und anschließend eine Beratung vom Polizisten erhalten. Wenn mir ein Jugendlicher Straftaten gesteht, dann überlege ich auch, was ich jetzt tun kann, um dem Jugendlichen zu helfen. Mein Ziel ist es nicht, die Jugendlichen hinter Gitter zu bringen, sondern vielmehr sie dazu zu bringen, ihre Fehler einzusehen und auch die damit verbundene Konsequenz zu tragen. Es muss dabei ja nicht immer gleich zu einer Anzeige kommen.

„F...k deine Mutter, du Hurensohn!"

2007 hatte ich ein Gespräch mit Karlheinz Gaertner geführt. Er schilderte mir, dass es eine Jugendnotdiensteinrichtung in unserem Gebiet gibt, in der sich einige Jugendliche von den Jungs vom Bolzplatz bedroht fühlten. Ich machte mich sogleich auf den Weg und suchte das Gespräch mit dem Einrichtungsleiter. Er bestätigte mir die Lage und ich konnte auch ein Gespräch mit den Jugendlichen, die sich bedroht fühlten, führen. Sie schilderten mir ihren Fall:

Aus ihrem Fenster im Hinterhaus der Einrichtung hatten sie eine gute Sicht auf den Bolzplatz. Sie beobachteten die spielenden Jugendlichen, riefen einige Sprüche runter und machten sich über deren Spielkünste lustig. Die spielenden Jungs erwiderten diese mit wüsten Beschimpfungen. Sie reichten von „Hurensohn" bis „Fick deine Mutter!" und endeten mit: „Wenn ich dich kriege, mach' ich dich fertig!"

Als ich mir die Version der Jugendlichen aus der Einrichtung angehört hatte, wollte ich mich auf dem Weg zum Bolzplatz machen. Kaum war ich aus der Tür, standen mir vier arabische Jungs gegenüber, die auf dem Weg zur Einrichtung waren. Sie schauten überrascht und fragten: „Fadi, was machst du denn hier?" – „Ich hatte eben ein langes Gespräch mit den Jugendlichen hier, aber wo wollt ihr gerade hin?" – „Ganz ehrlich, wir wollen hier einem auf die Fresse hauen!"

Als Grund gaben die Jungs an, sie seien beleidigt worden und das rechtfertige ihr Vorhaben. Ich bot ihnen an, anstatt ihm auf die Fresse zu hauen lieber Anzeige zu erstatten. Ihre Reaktion darauf: „Was, wir sollen eine Anzeige machen? Hat doch eh keinen Sinn, die Polizei zu rufen! Die werden uns eh nicht glauben und am Ende wird es nur eingestellt und die Jugendlichen hier lachen uns aus!"

Nach etwa fünf Minuten weiteren Redens waren aber auch sie einverstanden, Herrn Gaertner dazuzuholen, damit wir in der Einrichtung ein gemeinsames Gespräch führen konnten. Zehn Minuten später war er da und moderierte das Gespräch. Es gelang ihm, dass beide Parteien ihre Fehler einsahen und dass es zu keinen weiteren Zwischenfällen mehr kam. So sieht erfolgreiche Zusammenarbeit aus!

Datenschutz oder Informationsrecht?

Die Bereitschaft, eine Anzeige zu erstatten, ist im Vergleich zu den letzten Jahren aufgrund der intensiven und präventiven Arbeit von Polizei und Trägern gestiegen. Doch mittlerweile wächst auch die Angst, dies zu tun, und zwar aus folgendem Grund: Nachdem ein Fall aufgenommen ist und die Polizei ihre Ermittlungen abgeschlossen hat, wandert die Akte zur Staatsanwaltschaft. Diese entscheidet dann, ob es zur Anklage kommt oder nicht. In dieser Zeit kann der Anwalt des Täters die Akte anfordern und in den meisten der mir bekannten Fälle erhielt auch der Angeklagte eine Aktenkopie. In dieser sind alle Abschriften, sprich die Zeugenaussagen mit allem Drum und Dran, enthalten. Das reicht vom vollständigen Namen bis hin zur kompletten Adresse. Auch wenn das eigentlich nicht erlaubt oder der Sinn der Sache ist – Fakt ist, es wird so gemacht. Das hat den einen oder anderen auch schon in Schwierigkeiten gebracht.

Versetzen wir uns einmal in die Lage des Opfers einer Straftat. Ein Jugendlicher wird abgezogen (ausgeraubt) und ruft die Polizei. Diese kommt und nimmt eine Anzeige auf, später erkennt das Opfer die Täter auf Fotos wieder und freut sich, dass er zu seinem Recht kommt. Während der Zeit, in der die Polizei ermittelt, bekommt der Jugendliche Besuch von den Tätern, die ihn „bitten", die Anzeige wieder zurückzuziehen, andererseits würden sie bei ihm wieder vorbeikommen. Der Jugendliche lässt sich nicht einschüchtern und wartet auf den Gerichtstermin, denn dann würde er sie ja loswerden.

Es kommt zum Gerichtsverfahren und die Täter werden freigesprochen. Wie fühlt man sich jetzt? Enttäuscht fragt man sich, ob es beim nächsten Mal wieder Sinn macht, eine Anzeige zu erstatten, oder ob man sich nicht doch lieber ruhig verhalten sollte.

Bei einigen, vor allem nichtdeutschen Familien werden sogenannte Vermittler oder auch Friedensrichter eingesetzt. Diese sorgen für den Frieden innerhalb der Familien und gleichzeitig setzen sie eine Strafe fest. Meistens in Form von Geldbeträgen. Auch dies stellt natürlich nicht den Weg dar, der begangen werden darf. Nach Aussagen von Familien, die einen selbsternannten Friedensrichter in Anspruch genommen haben, ziehen sie eher diesen vor, als eine Anzeige bei der Polizei zu erstatten und anschließend keinen Frieden mit der anderen Partei zu haben. Für viele ist es eine Win-Win-Situation. Wo die einen zu ihrem Recht kommen und keine Angst mehr zu haben brauchen, kommt der andere ohne eine Anzeige und gegebenenfalls sogar ohne eine Gefängnisstrafe davon.

Hass auf die Polizei?

Die Anmerkung von Fadi, dass der Hass gegenüber der Polizei sehr tief sitzt und dass die Jugendlichen, mit denen wir es zu tun haben, über schlechte Erfahrungen verfügen, befremdet bzw. verwundert mich doch sehr. Zunächst einmal muss aus meiner Sicht stark differenziert werden. Grundsätzlich stellen sich folgende Fragen: Welche Jugendlichen sind überhaupt gemeint? In welcher Situation befinden sie sich? Wie kommen sie mit der Polizei in Kontakt?

Da sind zunächst der Verkehrsunterricht und die Fahrradprüfungen in der Schule. Einige Jahre später erfolgt in der Oberschule Unterricht über Gewaltprävention durch besonders geschulte Präventionsbeamte der Polizeiabschnitte. Die Erfahrungen der Kollegen und eigene Beobachtungen ergeben bis dahin ein fast ausschließlich positives Echo gegenüber der Polizei. Die Schüler folgen aufmerksam und mit enormem Wissensdurst den Ausführungen meiner Kollegen. Überdurchschnittlich viele Jugendliche erkundigen sich während des Besuchs nach Möglichkeiten, später selbst den Polizeiberuf ergreifen zu können. Hass ist da nicht feststellbar!

Mit 13 bis 14 Jahren treten die Teenies jetzt häufiger als Hilfesuchende und typische Opfer von Gewaltdelikten bei der Polizei in Erscheinung. Bei diesen Geschädigten spielen Angst vor weiteren Attacken der Täter, Hilflosigkeit und Wut aufgrund fehlender eigener Möglichkeiten, diesen Gewaltexzessen zu begegnen, eine entscheidende Rolle. Gerade die inneren Verletzungen, etwa der Psyche, wie bereits am Anfang des Buches erwähnt, haben teilweise erhebliche Auswirkungen auf das Verhalten in späteren Jahren. Ich denke hier in erster Linie an eine sich entwickelnde Ausländerfeindlichkeit oder auch an Störungen der eigenen Verhaltensweisen, wie z. B. Angst- oder Hassattacken. Das Opfer erwartet dann von den Kollegen zunächst Verständnis und Einfühlungsvermögen sowie das konsequente Verfolgen der Straftaten, von Hass keine Spur.

Hass wird hier hauptsächlich gegenüber den Tätern empfunden. Eventuell, aber erst wesentlich später entwickelt er sich gegen Ermittlungsbeamte oder die Gerichtsbarkeit, wenn dann ernüchtert festgestellt wird, dass die Bestrafung viel zu gering ausgefallen ist oder dass man bei der Gerichtsverhandlung den Eindruck gewinnt, als Opfer nicht ernst genommen zu werden.

Nun aber zu den polizeihassenden Jugendlichen, von denen Fadi spricht, die aber nur einen verschwindend geringen Anteil aller Jugendlichen ausmachen. Das sind diejenigen, die immer wieder bei Straftaten erwischt werden (Intensivtäter), die durch falsche Vorbilder oder auch gleich veranlagte Freunde einen regelrechten Hass auf alles entwickeln, was der Staat und dessen Autoritäten ihnen vorgeben. Hier ist in der Tat der Hass und die maßlose Respektlosigkeit gegenüber der Polizei immens. Eine weitere Frage, die sich mir in diesem Zusammenhang stellt: Was führte dazu, dass gerade Jugendliche in den letzten Jahren ein solches Hasspotenzial aufbauen konnten?

Kleiner Ausflug auf die Straßen Neuköllns

Mein Kollege Schulle und ich befahren als Zivilstreife die Sonnenallee. Vor uns auf dieser stark frequentierten Hauptstraße Neuköllns ein Verkehrsstau. Wir tasten uns langsam zum Grund dieser Verkehrsbehinderung vor und uns bietet sich folgendes Bild:

Drei Motorroller, besetzt mit jeweils zwei Jugendlichen, fahren nebeneinander, die gesamte Breite der Fahrbahn einnehmend, mit Tempo 20km/h. Sie grölen herum, fahren Zickzack und schreien lautstark Autofahrer an bzw. unternehmen eindeutige Schlagversuche gegen deren Fahrzeuge, sobald diese versuchen, sie zu überholen. Wir machen diesem Spuk ein Ende und überprüfen die sechs Burschen. Es folgen zunächst anmaßende, pöbelnde, ungebührliche Bemerkungen uns gegenüber. Nachdem wir feststellen, dass uns diese Deutsch-Arabisch sprechenden Jugendlichen bereits von diversen Straftaten, unter anderem aus dem Einbruchsbereich, bekannt sind, staunen wir nicht schlecht, als uns diese Schulpflichtigen lässig und lachend Schriftstücke der jeweiligen Schulen vorzeigen, aus denen hervorgeht, dass sie aufgrund von ständigem Stören des Unterrichts, wegen der Zerstörung wichtiger Arbeitsmittel usw. vom Unterricht befreit sind.

Die überraschendste Äußerung erfolgte aber kurz darauf. Einer dieser Kraftmeier erklärte ungefragt und hassstrotzend, was er unter seinem zukünftigen Dasein versteht. Er äußerte sinngemäß: „Ihr seid doch bloß kleine Bullen, die schlecht bezahlt in alten Zivi-Golfs durch die Gegend fahren und versuchen, uns zu kriegen. Meine Kumpel und ich fahren, wenn wir wollen, ohne Pappe (Führerschein) mit Fahrzeugen wie Jaguar und BMW durch die Gegend, besorgen uns Geld durch Einbrüche, kaufen uns Viagra, mieten uns in Luxushotels ein und lassen uns polnische Nutten aufs Zimmer kommen und bumsen die ganze Nacht. So sieht unser Superleben der Zukunft aus, da staunt ihr!"

Schulle und mir verschlug es die Sprache, speziell auch deshalb, weil uns diese Art der Vergnügungssucht bereits von den älteren Brüdern dieses Jungganoven bekannt war. Er hatte mit seinen Zukunftsplänen absolut nicht übertrieben, die verhielten sich wirklich so.

Dass solche Jugendliche Hass auf uns entwickeln, von „Vorbildern" innerhalb der eigenen Familie oder sogenannten Freunden getrieben, ist aus meiner Sicht nachvollziehbar. Wir als Polizisten sind ja fast die Einzigen, die dieses aus ihrer Sicht himmlische Dasein erheblich stören.

Wenn ich mir die täglichen Lagebilder über polizeilich relevante Ereignisse ansehe, stockt mir immer häufiger der Atem angesichts der brutalen Gewalt von Jugendlichen, aber auch bereits von Kindern. Hier zwei aktuelle Beispiele:

Fall 1) Zwischen einer Schülergruppe aus dem Berliner Bezirk Spandau und einer Gruppe von acht arabischen Jugendlichen im Alter zwischen 14 und 17 Jahren aus dem Neuköllner Kiez kommt es auf der Straße zu verbalen Streitigkeiten. Kurz darauf werden die Schüler aus Spandau von ihren Kontrahenten mit Kleinpflastersteinen beworfen. Bei dem Versuch zu schlichten werden zwei 18-jährige Spandauer zu Boden gerissen und mit Faustschlägen ins Gesicht so erheblich verletzt, dass sie mit der Feuerwehr ins Krankenhaus gebracht werden müssen.

Fall 2) Vier zehn- bis elfjährige Kinder befinden sich im Bezirk Wedding auf Halloweentour. Eine 15-köpfige Gruppe, ebenfalls noch Kinder, treffen auf diese und beginnen sofort, auf die vier einzuschlagen. Die vier werden gewürgt und gezwungen, ihre Süßigkeiten herauszugeben. Zwei von den Dreikäsehoch-Kriminellen (zwölf und 13 Jahre alt) können vom Vater eines der Raubopfer bis zum Eintreffen der Polizei festgehalten werden.

Jagd auf alte Damen

Neben den bereits erwähnten jugendlichen Opfern von meist gleichaltrigen Gewalttätern trifft es eine zweite Gruppe fast ebenso hart: ältere Frauen.

Auf dem Weg von meiner Dienststelle nach Hause komme ich an einer Sparkasse vorbei. Dabei bemerke ich drei Jugendliche, die sich offensichtlich ausschließlich für ältere Frauen interessieren. Bevor weitere, von mir alarmierte Kollegen eintreffen, werde ich Zeuge einer makaberen „Treibjagd". Dabei ist das Vorgehen immer gleich:

– Ausspähen der Opfer, fast immer sehr alte Frauen, wenn möglich gehbehindert.
– Getrenntes Verfolgen des Opfers, teils bis in Geschäfte.
– Mitfahren in öffentlichen Verkehrsmitteln.
– Warten auf abgelegenen Wegen zwecks Überfall.

Im vorliegenden Fall setzen die Täter gleich zweimal zum Überfall an. Dabei gehen sie so vor, dass zwei von ihnen aufmerksam die Umgebung beobachten, während der Dritte raubtierartig von hinten an die betagte Frau heranstürzt, um ihr die Tasche mit dem Geld zu entreißen, kurz bevor sie ihr Wohnhaus erreicht. Allein die Geschwindigkeit seines Heransprintens lassen schlimme Gesundheitsschäden beim Opfer erwarten. Beide Male misslingt der Versuch in letzter Minute nur deshalb, weil seine Mittäter ihn rechtzeitig vor plötzlich auftauchenden Passanten warnen. Beim zweiten Mal war ich derjenige, der den Überfall verhinderte. Diese Art der groben Raubversuche lässt keine andere Möglichkeit zu, als die Täter sofort festzunehmen, was später gemeinsam mit meinen eintreffenden Kollegen geschieht. Leider werden die Täter, ohne festen Wohnsitz in Berlin weilende rumänische Jungen, vom zuständigen Staatsanwalt entlassen, da er den geschilderten Sachverhalt nach geltender Rechtslage nicht als Straftat wertet.

Einen Tag später können von unserer Zivileinheit ein 50-jähriger Rumäne und ein 16-jähriger, mit dem er gemeinsam ältere Frauen ausspäht, nach einer frischen Raubtat festgenommen werden. Hier beobachtete der Jüngere die Damen bei dem Besuch einer Bank und teilte dies dem Älteren per Handy mit. Als dann eine der betagten Frauen die Bank wieder verließ, wurde sie sofort von den beiden verfolgt und – noch bevor wir eingreifen konnten – in einer Grünanlage von dem Jüngeren angegriffen. Er versuchte, ihr die Handtasche mit Gewalt zu entreißen. Da die Frau sie aber zunächst festhielt, zog der Täter mit solch einer Kraft daran, dass die Frau stürzte und sich erhebliche Verletzungen an Knien und Händen zuzog. Bei der Festnahme leisteten beide Täter erheblichen Widerstand und erhielten später tatsächlich einen Haftbefehl. Aber wahrscheinlich nur deshalb, weil ihnen weitere 17 gleichartige Handtaschenraubtaten nachgewiesen werden konnten.

Hier stellt sich den einschreitenden Beamten immer wieder die gleiche Frage: Wann soll die Festnahme erfolgen? Den richtigen Zeitpunkt zu finden ist außerordentlich schwierig. Selbstverständlich steht die Gefahrenabwehr an erster Stelle, also die körperliche Unversehrtheit der Frauen. So muss dann wiederum in Kauf genommen werden, dass der oder die Täter strafrechtlich nicht belangt werden und so vermutlich weitere Taten begehen werden.

Im erwähnten Fall des versuchten Handtaschenraubs bedankten sich die Täter für ihre rechtsstaatliche Behandlung auf ihre Weise. Sie brachen genau einen Tag nach den versuchten Überfällen in zwei Einfamilienhäuser ein. Auf Grund ihrer offensichtlich mangelnden „Einbruchs-Routine" wurden sie jedoch entdeckt und festgenommen. Jetzt erhielten sie einen Haftbefehl, allerdings nur, soweit mir bekannt geworden ist, bis zu ihrem ersten Haftprüfungstermin. Es lebt sich ganz gut in Deutschland ...

Noch eine Bemerkung zu den Opfern. Einer nahen Verwandten von mir wurde ebenfalls, allerdings im Flur ihres Wohnhauses, die Handtasche geraubt. Dies ist jetzt vier Jahre her. Die körperlichen Wunden sind glücklicherweise verheilt, die psychischen noch lange nicht. Seit dem Überfall verlässt sie bei Dunkelheit nicht mehr ihr Haus. Insgesamt hat diese ehemals lebenslustige 80-jährige Frau Angst, überhaupt noch auf die Straße zu gehen.

Und während des Schreibens dieser Zeilen gibt es weitere Opfer: Zwei Jugendliche aus einer Gruppe von acht Personen mit Migrationshintergrund versperren einer 80-jährigen Frau, die sich mit einem Rollator fortbewegt, den Fahrstuhleingang zum U-Bahnhof. Einer der ca. 14-Jährigen ergreift ihre Handtasche und flüchtet, während ein zweiter ihr brutal und mit voller Gewalt ins Gesicht schlägt und ihr dabei nicht nur eine erhebliche Prellung unter dem Auge zufügt, sondern auch ihre einzige Brille zerstört. Anschließend flüchtet er gemeinsam mit den anderen Jugendlichen. Die Seniorin bleibt hilflos zurück.

Einen Nasenbeinbruch, handflächengroße Hämatome im Gesicht und an den Armen, einen Gipsarm und kaputte Kniescheiben, so zugerichtet sitzt die 87-jährige Rentnerin auf einem Stuhl im Krankenhaus. Zitternd erzählt sie, dass sie unmittelbar nach dem Einkaufen vor ihrem Wohnhaus in Reinickendorf brutal überfallen wurde. Drei Jungen, Kinder im Alter von zwölf Jahren, wie später ermittelt wird, haben ihr dies angetan. Sie hatten die hilflose Frau von hinten gnadenlos umgestoßen und dann versucht, ihr mit äußerster Gewalt die Einkaufstasche zu entreißen. Fassungslos sitze ich vor dem Bild der geschundenen Frau.

Ich könnte diese Beispiele endlos fortsetzen, will aber hier zunächst, ableitend aus meinen Erfahrungen mit besonders aggressiven Gewalttätern, einen ersten Erklärungsversuch geben. Sehr häufig stehen diese meist sehr jungen Täter unter dem Einfluss von übermäßigem Alkohol- oder Drogenkonsum. Dabei ist zu beobachten, dass gerade deutsche Täter bereits in sehr jungen Jahren exzessiv Alkohol konsumieren und dabei auch Drogen, wie Koks (Kokain), Speed, Ecstasy, Amphetamine und vieles mehr, ja sogar den Extrakt aus unbekannten giftigen Pilzen, ungehemmt einnehmen bzw. „einwerfen". Viele dieser Drogenabhängigen sind binnen kürzester Zeit nicht mehr in der Lage, arbeiten zu gehen oder ein geregeltes Leben zu führen. Abhängige von Heroin oder ähnlich stark wirkenden Drogen müssen also praktisch jeden Tag aufs Neue einen Weg finden, um die dringend benötigten teuren Drogen zu finanzieren. Dabei ist die sogenannte Beschaffungskriminalität ein stetig hoher Faktor der Straßenkriminalität. Die Haupterwerbsquellen von Betäubungsmittelabhängigen (Fixern) sind neben der Prostitution Handtaschenraubtaten, Wohnungseinbrüche, Fahrraddiebstähle und vieles mehr.

Faktor Drogen

Koma-Saufen

Ein völlig neues Phänomen ist in den letzten Jahren zu beobachten: das sogenannte *„Koma-Saufen"* von Kindern und Jugendlichen. Für mich schwer nachvollziehbar, wird hemmungs- und maßlos zum Alkohol gegriffen – übrigens von Jungen wie Mädchen gleichermaßen –, ohne an die gesundheitlichen Folgen zu denken. So finden wir in den Zeitungen und im Polizeibericht fast täglich Nachrichten wie diese: „Mit einem Alkoholwert von 2,6 Promille kam ein Kind gestern zur stationären Behandlung in ein Krankenhaus. Gegen 23:30 Uhr alarmierte die Mutter des 13-jährigen Jungen die Polizei in ein Krankenhaus in Mitte, da ihr stark alkoholisiertes Kind sich beim Sturz eine Kopfplatzwunde zugezogen hatte und sie Anzeige wegen Körperverletzung erstatten wollte. Wo der Junge den Alkohol getrunken hatte und woher er diesen hatte, ist nicht bekannt."

Da fast alle der unten beschriebenen Drogen enthemmen und Aggressionen geradezu explosionsartig an die Bewusstseinsoberfläche bringen, wird tatsächlich aus einem „Jüngelchen" ein sich selbst überschätzender „Kraftprotz".

Tilidin

Bei den Jugendlichen, die sich selbst zum Islam zählen, also hauptsächlich einen arabischen oder türkischen Hintergrund haben, spielt das Medikament *Tilidin* eine entscheidende Rolle. Da ihnen Alkohol und Drogen aufgrund ihrer Religion verboten sind, greifen sie ersatzweise zu Tilidin. Dieses in flüssiger Form dargereichte, verschreibungspflichtige Medikament wird in kleinen bräunlichen Flaschen, meist ohne Etikett, bei sich getragen. Auf Nachfragen beispielsweise durch die Polizei wird häufig geantwortet, dass es sich um Magentropfen oder Ähnliches handelt.

Tilidin ist eine Kombination aus einem stark wirksamen Schmerzmittel aus der Gruppe der Opioide und einem Opioid-Antagonisten. Das medizinische Anwendungsgebiet dieses nach Angaben der Konsumenten sehr schnell abhängig machenden Medikaments ist die Bekämpfung starker bis sehr starker Schmerzen. Normalerweise reicht die Einnahme nur weniger Tropfen, um Schmerzzustände jeglicher Art zu minimieren. Unsere Beobachtungen ergaben, dass diese Tropfen in Mengen von 20 ml und mehr pro Person und Tag eingenommen werden. Dabei zeigt sich, dass das Arzneimittel, welches sich dämpfend auf das Zentralnervensystem auswirkt, zu einer überaus gleichgültigen Stimmungslage beim Konsumenten führt. Dies leitet offensichtlich zu dem von uns Polizisten häufig beobachteten völlig „schmerzfreien" Verhalten der Täter bei Straftaten über.

Eigene Aussagen der Täter zeigen, dass Tilidin total „in" ist und deshalb als die neue Mode-Droge in Neukölln bezeichnet wird. Eine weitere Aussage: „Seit drei Monaten nehme ich täglich ca. 50 Tropfen Tilidin. Ich war dann fit und hatte den Mut, Dinge zu tun, die ich sonst nicht machen würde. Es wurde von uns immer vor Abziehtaten und vor Schlägereien genommen. Wenn ich kein Tilidin einnehme, bekomme ich Schweißausbrüche, ich zittere stark, mir wird schlecht, ich muss mich übergeben!"

Meine Kollegen und ich entwickelten einen Flyer zum Thema „Missbrauch von Tilidin". Daneben nahmen wir an einer Gesamtlehrerkonferenz des Bezirkes Neukölln teil, um auf die Gefahren beim Umgang mit Jugendlichen, die unter dem Einfluss von Tilidin stehen, hinzuweisen.

Zwei weitere Faktoren erklären zusätzlich, warum es ausgerechnet zu diesen vielen Raubtaten (Abziehertaten) von Jugendlichen an Gleichaltrigen kommt. Da ist zunächst die häufig selbst erwähnte Spielsucht der Täter und der immense Geldbedarf für ihren Drogenkonsum oder ihre Medikamentensucht.

Diese gefährliche Kombination aus nicht mit entsprechenden Finanzmitteln ausgestatteten Jungerwachsenen, die am vermeintlichen Luxusleben teilhaben wollen – das heißt: tolle Autos, Frauen, Hotels und vieles mehr –, und ihrer Drogen-, Medikamenten- und Spielsucht wird uns auch in den nächsten Jahren erhebliche Probleme bereiten.

Vor allem deshalb, weil es sich einerseits unter dem potenziellen Klientel herumgesprochen hat, wie relativ leicht dieser „luxuriöse Lebensstandard" zu erreichen ist, und andererseits, weil zwielichtige sogenannte Geschäftsleute, wie einige wenige Autovermieter, Apotheker und auch einige Ärzte, daran nicht schlecht verdienen. Wie sonst ist es zu erklären, dass z. B. ein erwerbsloser Jugendlicher, zudem ohne eigenen Führerschein, innerhalb von sechs Monaten allein bei einer Autovermietung Luxusfahrzeuge für 7828,– Euro mieten konnte? Auch dass man Tilidin von gewissenlosen Ärzten ohne Schwierigkeiten verschrieben bekommt oder dass einzelne Apotheker dieses rezeptpflichtige Medikament unter dem Ladentisch für 50 Euro (100 ml) an Jugendliche verkaufen, ist eine mehr als bedrückende Entwicklung.

Festzustellen bleibt: Es mangelt nicht an Fantasie und Möglichkeiten, um sich mit diversen „Mittelchen" in die richtige „Gewaltstimmung" zu bringen.

Die richtige Gewaltstimmung

Sich in die richtige Gewaltstimmung bringen zu wollen ist hier nicht übertrieben formuliert. Während meiner Tätigkeit im Sicherheitsbereich hatte auch ich es hin und wieder mit Heranwachsenden zu tun, denen der Einlass in die Diskothek verwehrt werden musste. Und das mit gutem Grund. Schon auf einfachste Fragen wurde in aggressiver Weise geantwortet. Dazu ein Beispiel: „Was heißt hier, ich komme nicht rein? Wenn ich rein will, komme ich rein! Wer von euch will mich schon aufhalten? Wisst ihr eigentlich, wer ich bin?"

Dazu muss man wissen, ich war der Kleinste in unserem Team. Doch der pampig-aggressive junge Mann hier war noch mal um die Hälfte kleiner als ich und trotzdem musste ich mir diese und noch ganz andere Sätze von ihm anhören. Es dauerte nicht lange und er versuchte tatsächlich, an mir und drei weiteren Sicherheitsleuten vorbeizukommen, wobei er nicht den Eindruck machte, als wäre er besoffen oder stünde unter Drogen (keine roten oder glasigen Augen, keine geweiteten Pupillen oder unsicherer Stand). So fragten wir uns, ob der Kerl vielleicht „lebensmüde" sei, denn es war ja klar, dass er nicht die geringste Chance gegen uns hätte. Wir drohten ihm mit der Polizei. Natürlich beeindruckte ihn das nicht. Er stellte sich mitten in den Eingangsbereich und pöbelte die ein- und ausgehenden Gäste an. Nun riefen wir die Polizei. Bis diese eintraf, eskalierte jedoch die Situation. Er attackierte einen von uns, doch mein Kollege konnte ihn abwehren und zu Fall bringen, hatte aber große Schwierigkeiten, ihn auf dem Boden festzuhalten, obwohl wir ihm alle dabei halfen. Unser „Freund" schien einfach nichts von unseren Anstrengungen zu bemerken, keiner unserer Haltegriffe oder Druckausübungen schienen ihn zu beeindrucken. Wir verzweifelten schon, da keiner von uns so etwas jemals zuvor erlebt hatte. Schließlich nahm ihn die Polizei mit, musste dabei aber ähnliche Erfahrungen mit ihm machen wie wir. Das Rätsel löste sich auf, als wir später erfuhren, dass der aggressive Kerl unter dem Einfluss von Tilidin stand.

Obwohl Tilidin ein sehr verbreitetes Mittel unter den Jugendlichen ist, wissen meines Erachtens noch zu wenige Schulen und Einrichtungen davon. Vor allem die Eltern sollten informiert werden und dazu angehalten werden, nach kleinen unbekannten Fläschchen Ausschau zu halten. Auch und gerade dann, wenn die Jugendlichen ihren Eltern erzählen, dies sei ein Medikament vom Arzt für die Augen oder gegen Magenschmerzen.

Tilidin und der Überfall auf eine Apotheke

Über meine Homepage kontaktierte mich ein 14-jähriges Mädchen per Mail und bat mich um Hilfe. Ihr 15-jähriger Bruder Marko schwänze die Schule und habe viel mit der Polizei zu tun. Da ohnehin gerade eine Lesung in Neukölln bevorstand, lud ich sie ein, mit ihrem Bruder einfach vorbeizukommen, dann könnte ich ihn mal kennenlernen.

Sie kamen auch und ihr Bruder brachte zwei Kumpels mit. Alle drei Jungs waren von der Lesung begeistert, da ihnen viele der Episoden aus meinem Leben nur zu bekannt vorkamen. Jedenfalls lernte ich auf diese Weise Marko kennen und er erzählte ganz von selbst von seinen Problemen. Er sei in einer Gang und möchte da raus, wisse aber nicht, wie. Ich nahm seine Nummer, um ihn später anzurufen und einen Termin zu vereinbaren. Aber wir sollten uns schneller wiedersehen als erwartet.

Am nächsten Tag schrieb mich sein Vater an und bat mich dringend um Rückruf. Ich rief an und hatte einen völlig aufgelösten Vater dran: „Was können wir tun, unser Marko ist festgenommen worden?" Die Familie gab mir die Nummer des Polizeiabschnittes und ich rief da an. Gleichzeitig schaltete ich auch einen Anwalt für ihn ein. Als ich Marko dann schließlich vom Revier abholte, erzählte er mir alles.

„Es war gegen 15 Uhr, als ich die Straße hochlief. Ich bin dann an einer Apotheke stehen geblieben, ging rein und forderte das Personal auf, mir Tilidin und das Geld aus der Kasse zu geben. Sie sagten mir, sie haben kein Tilidin. Sie gaben mir das Geld und ich bin dann weggerannt. Als ich dann auf der Flucht war, haben mich Polizisten in Zivil erwischt – das Geschäft mit diesem Zeug lohnt sich", sagte er weiter. Wir sind anschließend zu den Eltern und besprachen alles. Als ich mit den Eltern allein war, fragte ich sie, ob ihnen schon mal kleine Fläschchen bei ihrem

Sohn aufgefallen seien. „Die Mutter antwortete: „Ja, aber Marko sagt mir, das habe er vom Arzt bekommen, wegen seinem Magen."

Sind Drogen und Alkohol im Islam erlaubt?

Es ist schon heftig, was dieses Medikament Tilidin anrichtet. Es bringt die Jugendlichen dazu, sich stark zu fühlen, eine Apotheke am Tage zu überfallen, keinen Respekt mehr vor ihren Eltern zu haben und ihre Mütter zu belügen. Wow, was für Moslems!

Wie mein Mitautor Karlheinz Gaertner bereits beschrieben hat, gehen die Jugendlichen, die einen islamischen Hintergrund haben, davon aus, sie könnten ersatzweise Tilidin einnehmen, da ihnen Alkohol und Drogen aufgrund ihrer Religion verboten sind. Dies ist natürlich falsch. Auch Tilidin hat eine berauschende Wirkung wie Alkohol oder Haschisch und ist demzufolge ebenfalls für einen Moslem verboten:

Der Alkoholkonsum hat eine berauschende Wirkung und demzufolge schädliche Auswirkungen auf die Einzelperson, Familie und Gesellschaft. Das Verbot wurde von Gott endgültig in der Sure 5 Vers 90–91 festgelegt. Gründe dafür sind einleuchtend: Durch den Alkoholkonsum vernachlässigt der Gläubige u. a. seine religiösen Pflichten, das Gedenken an Gott und die Verrichtung des Pflichtgebets. Weil der Alkohol von Allah verboten wurde, soll ihn der Moslem in jeder Form vermeiden, auch in nur kleinen Mengen. Denn der Begriff „wenig" ist relativ. Für einen ist „wenig", wenn er nur ein Gläschen in der Woche trinkt, für den anderen ist eine Flasche Wein am Abend „wenig". Eine kleine Menge Alkohol führt zu einer großen Menge, ein Glas zum anderen, bis man süchtig geworden ist. Aus diesem Grund ist die Haltung des Islam zum Alkoholverbot und dem Versperren aller Zugänge zum Alkoholtrinken eindeutig und unmissverständlich. Weil das Maß von jedem anders verstanden wird, ist das totale Verbot die beste Lösung. Der Prophet Mohammed (Friede und Segen auf ihm) sagte: „Das, was in großer Menge berauscht, ist auch in kleiner Menge haram (verboten)“; überliefert von Ahmad, Abou Dawud und Tirmidhi. (Quelle: www.islam.de)

Taten und Schuldzuweisungen

Überfallopfer – immer wieder

Heute erscheint ein neuer Kollege im Büro, der, wie viele andere vor ihm, ein Praktikum bei uns in der Dienstgruppe macht. Dieses neunwöchige Praktikum ist Teil seiner Ausbildung bei der Polizei. Nachdem ihm erklärt wurde, welche Aufgaben auf ihn zukommen, bat ich darum, dass er sich selbst vorstellt. Neben seinem schulischen und beruflichen Werdegang schilderte er eine kürzlich erlebte Begebenheit, die ihn offensichtlich nachhaltig belastete:

„Mit mehreren Polizeischülern und Freunden waren wir in der Silvesternacht auf der U-Bahn-Linie 7, quer durch Neukölln, in Richtung Rudow unterwegs. Wir hatten zuvor einige private Feiern besucht und waren jetzt auf dem Weg nach Hause. Gemeinsam mit meinem Freund bestieg ich einen der vorderen U-Bahn-Waggons, während sich die anderen in weitere Waggons verteilten. Auf dem U-Bahnhof Johannisthaler Chaussee stiegen alle aus und liefen in Richtung Ausgang. Dabei kamen mein Freund und ich als Erste mit einem größeren Abstand zu unseren Kumpels an einer Bank vorbei, auf dem sich fünf Jugendliche aufhielten. Diese pöbelten uns sofort und ohne erkennbaren Grund an, unter anderem riefen sie: ‚Bleibt stehen, seid ihr Nazis?‘“

Emotional erregt, mit angespannter Mimik und belegter Stimme fährt der junge Polizist fort, dass er und sein

Freund weiter in Richtung Ausgang liefen, ohne sich um diese Anfeindungen zu kümmern. Da sprang einer dieser Rüpel plötzlich von der Bank auf und kam ihnen hinterhergerannt. Er selbst bemerkte dies, drehte sich um und blieb stehen. Der später ermittelte, polnischstämmige 17-Jährige kam ganz dicht an ihn heran und schlug ihm ohne weitere Vorwarnung seine Stirn auf die Nase. Reflexartig konnte der junge Kollege weitere Angriffe von diesem wildgewordenen „Rambo" mit einem Faustschlag abwehren, wurde aber selbst von dessen Freunden von hinten zu Boden gebracht. Er verlor dabei zunächst den Überblick, hörte aber, dass sein Bruder, der ebenfalls mit ausgestiegen war, laut rief: „Lasst die in Ruhe, das sind Polizeischüler!" In diesem Augenblick sah er, dass der angreifende Pole in beiden Händen zwei große Messer hielt, ohne dass er dies zuvor bemerkt hatte. Der Angreifer rannte nun mit seinen türkisch sprechenden Mittätern zur Treppe und stellte sich auf eine der obersten Stufen. Dort posierte er mit kraftstrotzend herausgedrückter Brust und provozierender Körperhaltung. Die Messer hielt er drohend in den Händen, grinste überheblich seine Mittäter an, etwa nach dem Motto: „Kommt, wir können abhauen", und rannte dann gemeinsam mit ihnen davon.

Der junge Polizist stand mühsam mit einer Schnittverletzung am Fuß auf und wollte seinem Freund, der ebenfalls zu Boden gerammt worden war, aufhelfen, als sie bemerkten, dass dessen Jacke blutdurchtränkt war. Die hinzugerufenen Feuerwehrleute stellten kurz darauf fest, dass er drei Messerstiche in seine rechte Oberkörperseite und zwei Messerstiche in den rechten Oberarm abbekommen hatte.

Aufgrund dieser Schilderung machte auch ich meine Betroffenheit deutlich und fragte dann, welche Gefühle er mit diesem Überfall heute noch verbinde. Er erzählte sofort aufgewühlt weiter, dass dies ja keineswegs der erste Überfall war, der so oder ähnlich abgelaufen sei. Tatsächlich wurde bereits dreimal versucht, ihm seinen MP3-Player, sein Handy oder Geld „abzuziehen". Dabei stand er mehrmals messerhaltenden jugendlichen Gewalttätern gegenüber und konnte nur mit viel Glück verhindern, dass er ernsthaft verletzt wurde. Geholfen wurde ihm im übrigen bisher nur einmal von einem deutschen Mann und das, obwohl relativ viele U-Bahn-Fahrgäste diese Situationen mitbekamen.

Er selbst beschreibt seine Gefühle mit Machtlosigkeit, Angst, Wut und mit den Sätzen: „Egal, wie man sich verhält, die ziehen das halt durch! ... Wir kamen den auf der Bank Sitzenden gerade recht, die lauern nur auf solche wie uns! ... Die Floskeln – bist du Nazi – sind nur vorgeschoben, um eine selbstgerechte Legitimation für ihr eigentliches Vorhaben zu haben!"

Bevor wir unser Gespräch beendeten, sagte er noch zwei weitere Sätze, die mich selbst umtreiben und besonders nachdenklich machen. Er sagte: „Ich kann mir nicht vorstellen, dass das System stimmt, wenn man überfallen wird und das mehrfach vom gleichen Täter, ohne dass dieser sofort weggesperrt wird. Ein Freund von mir wurde bereits sechsmal überfallen, davon viermal vom gleichen Täter, ohne das der ‚sitzt'. Da bin ich mir nicht sicher, in einem Rechtsstaat zu leben!"

Hassan A., der arabische Friedensrichter

Bevor ich mit dem Thema Gewalt und weiteren Erlebnissen aus meiner Polizeiarbeit fortfahre, noch einige Bemerkungen zu den von Fadi beschriebenen Tätigkeiten arabischer Friedensrichter.

Vor einigen Monaten lernte ich einen gewissen Hassan A. anlässlich eines Einsatzes auf der belebten Sonnenallee kennen. Vor Ort waren Mitglieder zweier polizeibekannter Großfamilien zunächst in Handgreiflichkeiten verwickelt. Dabei wurden zwei der Kontrahenten durch Messerstiche relativ leicht verletzt. Während meine Kollegen und ich mühselig versuchten zu verstehen, was sich dort abgespielt hatte, erschien plötzlich der oben genannte Hassan A. Er stellte sich mir in ruhiger, gesetzter Art als arabischer Friedensrichter vor, übergab mir seine dementsprechend gestaltete Visitenkarte und erklärte überzeugend, dass wir ruhig wieder zum Abschnitt fahren könnten, da er beide Familien kenne und diese damit einverstanden seien, dass er dieses Problem löse. Nun hatte ich bereits einiges über diese Friedensrichter gehört, war aber dann doch verblüfft, wie selbstverständlich hier offensichtlich unser „abendländisches Rechtssystem" ausgehebelt werden sollte. Auf meine Frage, wie er sich diese Einigung vorstelle, antwortete er sinngemäß ganz trocken, dass er schon einige „Friedensverträge" zwischen diesen beiden Familien vermittelt habe. Aufgrund seiner Kenntnisse, die er bereits von seinem Vater gelehrt bekommen habe, da dieser auch Friedensrichter war, sei es ihm möglich, mit Geld oder anderen Geschenken einen Vergleich zwischen beiden Familien herzustellen. Wenn diese Einigung erfolge, sei der Frieden zwischen den Familien wieder hergestellt und der deutsche Staat brauche sich nicht mehr einzumischen. Praktisch, kostengünstig und gut, könnte man sagen.

Über so viel Integration war ich zunächst sprachlos, speziell, weil er mir noch zusätzlich erklärte, dass er bereits seit 18 Jahren in Deutschland lebe und seitdem viele erfolgreiche Friedensschlüsse herbeigeführt habe, ohne dass die Polizei bemüht werden musste. Höflich, aber bestimmt lehnte ich dieses Angebot ab, das mir erschien, als wäre ein Märchen aus „Tausendundeine Nacht" Wirklichkeit geworden. Anschließend nahmen wir mit viel Unverständnis der beiden Parteien und des orientalisch gekleideten „Richters" die in Berlin üblichen Strafanzeigen auf.

Meine Kollegen und ich stellen immer häufiger fest, dass einige arabische, aber auch Mitbürger mit anderen nationalen Wurzeln nicht unbedingt daran interessiert sind, deutsche Behörden an ihren Problemen teilhaben zu lassen. Doch bei der Anwendung bzw. Durchsetzung der bei uns geltenden Rechtsordnung darf es kein Wenn und Aber geben; denn klar ist: Unsere Rechtsordnung gilt für alle, die hier leben, und zwar ohne Ausnahmen und ohne selbsternannte Friedensrichter. Und dies auch dann, wenn es manchmal, gottseidank nur in wenigen Fällen, nicht dazu kommt, dass der Recht bekommt, dem es zusteht.

Die gescheiterte Suche nach Lösungen

Es ist ein menschliches Bedürfnis, „Recht" zu bekommen, vor allem dann, wenn uns Unrecht widerfahren ist. Mit jedem Verbrechen von Jugendlichen wird der öffentliche Ruf nach „Gerechtigkeit" immer lauter. Es sind die brutalen Übergriffe in den öffentlichen Verkehrsmitteln, gegenüber Beamten oder auf dem Schulweg, die uns Sorgen bereiten. Wir bekommen immer mehr Angst, dass es auch unsere Kinder treffen könnte oder gar uns selbst. Wir beginnen damit, nach Lösungen zu suchen. Alle Lösungen, die gefunden werden, sind meist mit hohen Kosten verbunden. Mehr Sicherheitspersonal, mehr Sozialarbeiter, bessere Überwachungstechnik und vieles mehr. Unabhängig von Zahlen oder Statistiken, die uns belegen wollen, wie hoch oder niedrig die Kriminalitätsrate ist, spielt die subjektive Wahrnehmung eine ebenso wichtige Rolle wie die objektive. Täglich nutzen etwa drei Millionen Menschen die öffentlichen Verkehrsmittel in Berlin, ohne Opfer von Straftaten zu werden. Verglichen mit den Zahlen der Opfer von

Straftaten wäre demnach statistisch gesehen die Wahrscheinlichkeit, überfallen zu werden, sehr gering. Dennoch haben viele Fahrgäste Angst davor, Opfer einer Straftat zu werden.

Natürlich ist jede einzelne Straftat eine zu viel! Also geht unsere Suche nach Lösungen weiter. Schließlich gibt uns die gescheitert erscheinende Suche nach endgültigen Lösungen das Gefühl, hilflos und von der Justiz allein gelassen zu sein. Wenn wir keine Lösungen finden, fangen wir an, nach Schuldigen zu suchen. Denn einen Schuldigen zu finden ist doch wesentlich leichter und kostengünstiger, oder nicht? Wir fangen erst an, das System für alles verantwortlich zu machen, und brechen es dann runter auf *die da*.

Die sind schuld an allem!

Die sind schuld an allem! *Die* hätten mehr in der Erziehung ihrer Kinder aufpassen sollen! *Die* haben es auf uns abgesehen! *Die* sind ausländerfeindlich! *Die* sind verantwortlich, dass es so ist, wie es ist! Würden *die* ihre Arbeit machen, hätten wir nicht dieses Problem! *Die* hassen die Deutschen! usw. usw.

Dieses „die" erinnert mich an meinen Mathematikunterricht in der Schule. Genauer gesagt an den Dreisatz. Mit zwei Unterschieden: Zum einem wird beim Dreisatz ein „X" verwendet und zum anderen kann man in der Mathematik mit Formeln arbeiten. Wenn die Rechnung aufgeht, haben wir richtig gerechnet. Wer aber kennt die richtige Formel für die Bekämpfung der Jugendgewalt?

Hier nun kommen die Experten ins Spiel. Wir haben Kriminologen, Psychologen, Politiker, Sicherheitsfirmen, Reporter und viele andere Beobachter dieser Szene. Meistens liefern uns diese leider immer nur noch mehr Ergebnisse, die uns nur weiter darin bestärken, dass wir ein Problem haben. Natürlich könnten wir durch sie auch erfahren, worin die Ursachen für die Jugendgewalt liegen, aber hilft uns das wirklich bei der Bekämpfung der Gewalt weiter oder werden diese nur von den Medien derart dargestellt, dass sie Angst und Hass nur noch weiter schüren?

Natürlich helfen sie uns weiter, aber um die richtige Formel zu erhalten, bedarf es mehr als nur Expertenwissen. Es fehlen die Ergebnisse der Bestpraxis-Projekte aus den sozialen Brennpunkten, mit ihnen haben wir schon etwa 50 Prozent unserer Formel. Die fehlenden Prozente erfordern eine ressourcenübergreifende Arbeit der verschiedenen Behörden, eine Bündelung der Erfahrungen der vor Ort Arbeitenden (Vernetzung) und die Einbeziehung der Eltern und Jugendlichen. Also könnte eine Formel vielleicht so aussehen:

Experten + Behörden + Vernetzung + Eltern + Jugendliche = erfolgreiche Bekämpfung der Jugendgewalt

Wie aber sieht es im Einzelnen aus?

Brennpunkt Schule

Elternarbeit

Wie weit darf die Arbeit mit den Eltern gehen, wie viel Zeit darf sie in Anspruch nehmen? Welche Rolle spielen hier die Akteure vor Ort? Wie lautet deren Auftrag? Gerade die Elternarbeit stellt in vielen sozialen Einrichtungen und Schulen eine große Herausforderung dar. In den sozialen Brennpunkten prallen Welten der unterschiedlichsten Schichten, Kulturen und Religionen aufeinander.

Wenn diese kulturelle Vielfalt erwünscht ist, dann muss sie auch begleitet und unterstützt werden. Auch wenn die Eltern unterschiedlich sind, haben sie doch alle eines gemeinsam: Sie wollen eigentlich nur das Beste für ihre Kinder. Was sie wesentlich voneinander unterscheidet, ist das oftmals sehr unterschiedliche Verständnis von dem „Besten", von den Vorgehensweisen, wie dieses Ziel zu erreichen ist, und vor allem von der eigenen Rolle in diesem Stück.

Ich besuchte verschiedene Eltern-Cafés in den Schulen und unterhielt mich mit den Müttern und Vätern. Ich suchte nach Antworten auf die Frage der Erziehung. In der Frage „Wer ist für die Erziehung der Kinder zuständig?" ist sich vor allem ein Großteil der Eltern arabischer, kurdischer und türkischer Herkunft einig. Die Eltern erwarten von der Schule, dass den Schülern neben dem Mathematik- und Deutschunterricht auch Werte vermittelt werden.

Ihre Kinder verbringen die meiste Zeit des Tages in der Schule, daher können die Eltern nicht allein für die Erziehung zuständig sein. In der Schule sollen die Kinder die deutsche Kultur kennenlernen und zu Hause die der Eltern: „Wir wollen, dass unsere Kinder die Schule besuchen und gute Noten nach Hause bringen", heißt es. Dabei tun viele Eltern nicht wirklich etwas dafür, dass aus ihren Kindern gute Schüler werden. Sie entziehen sich der Verantwortung, dies aber nicht bewusst, sondern weil sie selbst es nicht anders gelernt haben. So versuche ich, den Eltern mitzugeben, dass es auch um die sozialen Kompetenzen geht und nicht allein um die Vermittlung der deutschen Sprache. Höflichkeit, Respekt und Toleranz lernen wir zu Hause, dies könne von den Lehrern nicht nachgeholt werden, nur weil die Eltern es in den letzten Jahren verpasst haben, dies ihren Kindern beizubringen.

Von den Eltern wird häufig der Wunsch geäußert, die Lehrer sollten strenger sein. Ein 60-jähriger türkischer Vater sagte mir: „Zu meiner Zeit als Schüler war mein Lehrer wie ein Vater für mich." Doch wenn die Lehrer dann aber tatsächlich strenger sind oder werden, reagieren die Eltern wieder allergisch darauf. Kommen die Eltern dann noch zur Schule, geben sie dem Lehrer oder der Schule die Schuld für das Fehlverhalten ihres Kindes. Denn in der Regel ist für die Eltern das Kind immer der Unschuldige. Dann wird die Schuld bei allen anderen gesucht, nur nicht bei sich selbst.

Dazu ein passender Beitrag aus dem polizeilichen Alltag. Meine Kollegin und ich, Karlheinz Gaertner, wurden von der Schulleitung einer Grundschule gerufen. Ein Schüler aus der 6. Klasse hatte ohne nachvollziehbare Gründe drei Mädchen aus der Nebenklasse geschlagen, auf sie eingetreten und so an den Haaren gezogen, dass ganze Büschel herausgerissen wurden. Zwei dieser Mädchen mussten ärztlich behandelt werden und konnten den Unterricht nicht fortsetzen. Gründe für sein brutales Vorgehen nannte er nicht. Die gleich hinzugerufenen Eltern der Mädchen waren natürlich sehr erbost und erstatteten Strafanzeigen.

Der Junge selbst war einschlägig bekannt und hatte bereits dreimal aus dem gleichen Grund die Schule gewechselt. Fest stand, dass er offensichtlich Hilfe brauchte, um seine ungezügelten Aggressionen in den Griff zu bekommen. Nach Rücksprache mit dem Jugendamt stellte sich heraus, dass bereits etliche Maßnahmen eingeleitet worden waren. So bat man uns, ihn zunächst zu seiner Mutter nach Hause zu bringen.

Was uns dort erwartete, sei hier nur kurz zusammengefasst. Die Mutter und die große Schwester des Jungen öffneten die Wohnungstür, und bevor ich überhaupt den Grund unseres Erscheinens benennen konnte, wurde ich sinngemäß angeschrien: „Mein Sohn soll immer schuldig sein, es sind die anderen, warum kümmert ihr euch nicht um die, ihr Bullen?" Weitere, lautstarke und hier nicht wiedergabefähige Beschimpfungen folgten bis hin zu: Überhaupt seien wir ausländerfeindlich und Nazis. Auf die Prügelattacken ihres „Prinzen" ging sie überhaupt nicht ein. Die große Schwester verteidigte ihren Bruder ebenso vehement.

Diese Art der Verteidigung ihrer Söhne erlebte ich übrigens bei ähnlichen Anlässen häufig, so auch bei Eltern von Schulschwänzern. Die Schuld an den Verfehlungen ihrer Söhne wird immer bei den anderen gesucht, bei der Schule, bei den Ämtern oder bei uns, der Polizei, und dies, obwohl in der Vielzahl der Fälle die Familien bereits intensiv und rundum von Familienhelfern und anderen Hilfseinrichtungen betreut wurden.

Meines Erachtens müssen hier, um deutlich zu machen, welche Aufgabe die Eltern selbst im Gefüge der Erziehung haben, drastische Maßnahmen ergriffen werden. Sollten die schon erwähnten Hilfsangebote nicht greifen, dann sind Kürzungen der Leistungen wie des Familiengelds, des Kindergelds oder anderer Sozialleistungen mehr als gerechtfertigt. Auch sollte darüber nachgedacht werden, diese Eltern zu einem verpflichtenden Kurs wie etwa „Kindererziehung und meine Aufgaben als Erzieher" zu schicken. Letztendlich müsste auch das schon in gelegentlichen Ausnahmefällen praktizierte Entfernen der Kinder aus der Familie frühzeitig genug erfolgen.

Dass der oben erwähnte junge Schläger aus der Grundschule nur zehn Monate später von uns als Straßenräuber festgenommen wurde und uns seine Mutter mit fast identischen Worte beschimpfte, sei hier nur vollständigkeitshalber erwähnt.

Neben den sozialen Kompetenzen fehlt es den Kindern vor allem an Geborgenheit, Vertrauen und Zuneigung. Das Elternhaus entwickelt sich zum Hotel. Die Kinder sind nur noch zum Schlafen, Essen und Umziehen da, während die Erzieher, Lehrer und Sozialarbeiter für viele Kinder und Jugendliche zur einzig wahren Anlaufstelle werden. In vielen Gesprächen mit Lehrern bekomme ich auch dieses immer wieder bestätigt: „Wir können nicht mehr einfach nur Lehrer sein, sondern sind mittlerweile auch Familienersatz. Es gibt Schüler, die selbst nach Schulschluss nicht nach Hause wollen und denen die Schule in den Ferien fehlt." – In der Kita meines eigenen Sohnes habe ich gelesen: „Erziehung ist Vorleben, alles andere ist Drillen!" Was bekommen die Schüler zu Hause mit?

„Ein Mann wirst du, wenn du heiratest oder in den Knast gehst"

„Wozu soll meine Tochter studieren und Zeit verlieren? Sie soll, wie es sich für eine Frau gehört, im Haushalt arbeiten und für ihren Mann und die Kindern da sein!" „Wozu soll mein Sohn studieren und Zeit verlieren, er soll, wie es sich für einen Mann gehört, arbeiten gehen und Geld nach Hause bringen!" „Ein Mann wirst du nur dann, wenn du heiratest oder in den Knast gehst!"

Als ich diese Sätze höre, stehen mir die Nackenhaare ab. Ich war und bin über diese Denkweise schockiert. Denn von zu Hause kannte ich solche Sätze nicht. Ich fragte natürlich nach und wollte wissen, wie ein Vater auf seinen Sohn stolz sein kann, wenn er in den Knast kommt, oder warum er das Studieren so herabstuft.

Die Antwort: „Mit dem Studieren ist das doch klar, mein Sohn soll endlich Geld verdienen, um heiraten zu können! Unsere Eltern legten großen Wert darauf, dass wir früh heiraten und auch für Nachwuchs sorgen, und das möchte ich auch für meinen Sohn." Und weiter: „Ich bin nicht stolz, wenn mein Sohn in den Knast kommt, aber ein Knast ist auch kein Erholungszentrum. Diesen auszuhalten, musst du schon ein Harter sein. Ich habe heutzutage keinen Einfluss mehr auf meinen Sohn. Auch wenn die Polizei oder das Gericht mir sagen, dass ich mit meinem Sohn reden soll. Reden hilft da nicht mehr und im Knast lernt er mal andere Möglichkeiten kennen!"

Zwangsurlaub von der Schule

Wenn in den Schulen ein Schüler etwas Gravierendes angestellt hat, wird er von der Schule suspendiert. Manchmal frage ich mich, warum. Wir haben doch eine Schulpflicht, wie ist es dann möglich, dass ein Schüler vom Schulbesuch zwangsweise ausgeschlossen werden kann? Welches erzieherische Ziel verfolgt die Schule damit? Bringen sie den Schüler wirklich dazu, über sein Verhalten nachzudenken?

Wohl kaum, vielmehr denke ich, es wird dem Schüler Sonderurlaub gewährt. Denn es trifft ja selten die Schüler, die gerne zur Schule gehen, oder diejenigen, die die besten Noten haben. Also ist eine solche Suspendierung doch mehr eine Belohnung als eine Strafe. Die von ihrer Schule ausgeschlossenen Schüler können jetzt ausschlafen oder ganz offiziell von der Schule fortbleiben. Sie treffen sich mit ihren Freunden und haben zusammen Spaß.

Hier kommt es zwangsläufig zu einem Konflikt zwischen Kind und Eltern. Ich besuchte Eltern, deren Kinder von der Schule suspendiert sind, und ich muss wirklich sagen, sie waren darüber alles andere als begeistert. Wenn es Eltern sind, die beide zur Arbeit gehen müssen, wird es besonders schwierig. Sie müssen Urlaub nehmen, denn alleine lassen sie ihr Kind nicht zu Hause. Wenn das Kind dann unbedingt raus will, haben die Eltern keine Möglichkeiten, es einzusperren. Spätestens hier wird dann klar, dass dieses Kind dem System Schule und Elternhaus auf der Nase herumtanzt. Vielleicht sollte es so etwas wie ein Camp geben, welches die Schüler auffängt, die suspendiert werden. Also so etwas wie eine Art Arrestanstalt, nur mit einem anderen Namen. Hier könnten Sozialarbeiter, Respekttrainer, Anti-Gewalttrainer und Lehrer gemeinsam mit den Kindern arbeiten.

Wie sollen sich denn die Eltern verhalten? Was erwarten wir von ihnen? Ich war in meiner eigenen Schulzeit immer verärgert, dass mein Vater nie zu mir gehalten hat, wenn er wegen mir zur Schule gerufen wurde. Heute verstehe ich ihn. Heute bin ich selbst Vater, und werde ich zu einem Gespräch in die Schule meines Sohnes gebeten, schaue ich ihn an und sehe mich vor zwanzig Jahren. Was denkt er, was möchte er, was soll ich jetzt tun? Wie kann, wie soll ich das Gespräch mit seinem Klassenlehrer führen, ohne meinem Sohn das Gefühl zu geben, ihm in den Rücken zu fallen? Ich möchte ihm ja helfen, aber wer hilft mir dabei, ihm zu helfen? Durch meine Arbeit mit Kindern und Jugendlichen und zahlreiche Gespräche mit Schulen fand ich bisher immer einen Weg, ich hoffe, es war auch immer der richtige. Wie aber geht es Eltern, die das nicht können? Wie geht es den Eltern, die kaum Deutsch sprechen oder verstehen können?

Bis heute hat sich in den Schulen nicht viel geändert, es gibt keine arabischen Lehrer oder Sozialarbeiter an den Schulen, die in den Elterngesprächen übersetzen könnten. Die Schüler wissen das und nutzen die Situation regelrecht aus. Zum Beispiel beim Schwänzen. Es dauert meist Wochen, bis Lehrer die Eltern darüber unterrichten, dass ihre Kinder schwänzen. Hier sollten Schulen und Eltern enger zusammenarbeiten und schon bei der ersten Fehlstunde aktiv werden. Vielleicht würde es auch helfen, wenn es einen arabischsprechenden Lehrer oder Sozialarbeiter gibt, der nicht nur ihre Muttersprache, sondern auch ihre kulturellen Hintergründe kennt. Es fällt viel leichter, jemandem zu vertrauen und zuzuhören, der einen in mehrfacher Hinsicht versteht.

Schulsozialarbeiter

In Berlin hat inzwischen fast jede Schule auch Sozialarbeiter oder Sozialarbeiterinnen in ihrem Team. Anfangs erwies sich das Miteinander der Sozialarbeiter und Lehrkräfte als schwierig. Wie viele andere Sozialträger von außen machten auch sie erst mal nicht so gute Erfahrungen mit den Lehrern an den Schulen. Die Sozialarbeiter werden eher als Konkurrenz zu den Regelaufgaben der Schule und selten von Anfang an als Ergänzung gesehen.

Sozialarbeiter aber spielen eine wichtige Rolle in der „Erfolgsformel". Sie können eine neutrale Rolle einnehmen und müssen allen Beteiligten zur Verfügung stehen. Im Gegensatz zu den Lehrern haben sie mehr Zeit, sich um die Belange des einzelnen Schülers zu kümmern. Man bedenke auch, wie viele Maßnahmen und Einrichtungen aus dem großen Bereich der Sozialarbeit, der Sozialpädagogik usw. jährlich dazukommen und andere wieder wegfallen. Selbst Bestehendes wird laufend umbenannt, Sozialarbeiter aber sind in der Regel auf dem neuesten Stand und können auch die diversen Anlaufstellen und Hilfemöglichkeiten außerhalb der Schule vermitteln. So können sie ganz andere Ressourcen nutzen. Das geht so weit, dass sie sogar eine Schlichterfunktion einnehmen können. Irgendwie sind sie sozusagen das „Mädchen für alles".

Führt Kindesvernachlässigung automatisch zu Jugendgewalt?

Dass Jugendliche, die als Kinder vernachlässigt wurden oder sogar Gewalt erlebten, im ursächlichen Sinne häufig selbst zu Gewalttätern werden, dürfte hinlänglich bekannt sein. Jedes dieser Schicksale, welches frühzeitig erkannt und so zumindest gelindert wird, dient dem Wohle der Kinder und letztendlich der ganzen Gesellschaft. Dabei darf nicht übersehen werden, dass häufig die Eltern oder zumindest ein Elternteil, aus welchen Gründen auch immer, mit ihrer Rolle als Erzieher und Betreuer ihrer Kinder hoffnungslos überfordert sind und selbst dringend der Hilfe anderer bedürfen.

Glücklicherweise hat in der Gesellschaft ein Umdenken im Anzeigeverhalten dieser Delikte stattgefunden. Bedingt durch einen verstärkten, gesetzlich verankerten Kinder- und Jugendschutz werden wir als Polizei viel häufiger als früher alarmiert, hin zu solchen Orten der Verwahrlosung zu kommen, was mehr als zu begrüßen ist. Wie wichtig darum einerseits die nachbarschaftliche Aufmerksamkeit für „nicht normale" Erziehungsmethoden und andererseits schnelles polizeiliches Handeln in Verbindung mit den Jugendbehörden ist, sollen die folgenden, kaum glaubhaften und mich nachhaltig erschütternden Beispiele belegen.

Das schmucklose fünfstöckige Hinterhaus riecht schon beim Betreten nach Fäkalien und faulendem Müll. Mein Kollege und ich gehen einem anonymen Telefonat nach, in dem eine leicht hysterisch klingende, weibliche Stimme im Berliner Dialekt Folgendes angab: „Jeht mal im Hinterhaus der Straße … kiecken, ick globe, die vernachlässigen ihre Jören!"

In der zweiten Etage dieses völlig runtergekommenen Treppenhauses kommt uns ein nackter, teils dreckig verschmierter, ca. zwei Jahre alter Junge entgegengelaufen. Obwohl an diesem Frühlingsmorgen die Temperaturen noch recht frostig sind, scheint der Junge nicht zu frieren. Beim Näherkommen bemerke ich eine offene Wohnungstür, an der das Schloss fehlt. Da auch keine Klingel zu entdecken ist, klopfe ich laut gegen die aufschwingende Eingangstür und rufe vernehmlich: „Hallo, hier ist die Polizei, ist jemand in der Wohnung?"

Keinerlei Reaktion. Der kleine Junge, dem ich freundlich lächelnd zuwinke, kommt auf mich zugelaufen, ergreift zutraulich meine rechte Hand und zieht mich in die Wohnung hinein. Zunächst müssen sich meine Augen an die Dunkelheit im Flur gewöhnen. Da verschlägt es mir fast die Sprache, als ich in die linksseitig gelegene Küche blicke. Unrat überall, Dreck aus Essensresten, geöffneten Dosen, Plastik- und Papierverpackungen liegen wild verteilt in der gesamten Küche herum. Hinzu kommt ein unerträglicher Gestank, so dass ich mich angeekelt abwende und das rechtsseitig gelegene Zimmer betrete. Beim Vorwärtsschreiten bleiben meine Schuhsohlen leicht klebend am Fußboden haften. Mein Blick fällt auf eine völlig abgewetzte Couch, auf der, ich kann es nicht glauben, ein Haufen Kot liegt. Weiterhin sehe ich neben Fragmenten eines Schrankes zwei umgestürzte Sessel und unzählige Scherben von zerbrochenen Bierflaschen auf dem Boden liegen. Unfassbar, ich bekomme eine Gänsehaut, wenn ich an die nackten Füßchen des kleinen Jungen denke. Während mein Kollege auf den Jungen aufpasst, betrete ich wütend einen weiteren Raum, immer noch auf der Suche nach einem Verantwortlichen. Endlich werde ich fündig.

In der hintersten Ecke, auf einer am Boden liegenden Matratze, liegt ein Mann und schnarcht. Ich wecke ihn in lautstarkem Ton. Langsam schält sich der vollkommen angezogene Mann unter einer speckigen Decke hervor und blickt mich mit verklärtem Blick an. Eine Alkoholfahne strömt mir entgegen.

Auf meine Frage, wer denn hier der verantwortliche Mieter sei, antwortet dieser ca. 60 Jahre alte, mit etlichen Tattoos geschmückte Deutsche leicht verunsichert: „Ick wohne hier!" Bevor ich weitere Fragen stellen kann, betreten plötzlich zwei junge 17 und 19 Jahre alte Mädchen aus einem hinteren Raum das Zimmer. Sofort fangen diese an, ohne Punkt und Komma auf mich einzureden und mir dabei zu versichern, dass hier alles in Ordnung sei. Im weiteren stellt sich heraus, dass die 19-jährige aus dem ehemaligen Jugoslawien Stammende die Mutter des Jungen ist und dass sie mit dem von mir so verständnisvoll geweckten „Alt-Suffi" verheiratet ist. Die Überraschungen nehmen kein Ende.

Meine anfängliche Geduld neigt sich langsam dem Ende zu und ich weise die jungen Damen an, diesen Saustall sofort aufzuräumen und das Kind anzuziehen. Parallel dazu rufe ich das Jugendamt zum Ort.

Meine ernsthaft gesprochenen Worte – die ich hier nicht wiedergeben möchte – verfehlen offensichtlich nicht ihre Wirkung, denn alle drei „Bewohner" haben es auf einmal ganz eilig, den Dreck wegzuräumen. Die Beamten des Jugendamtes staunen nicht schlecht, als sie die Wohnung sehen, gerade auch deshalb, weil diese Familie, zu der noch vier weitere Personen gehören, bereits von einer Familienhelferin betreut wird.

Dass ich im Laufe der nächsten Wochen, wie von mir angekündigt und vom Jugendamt ausdrücklich gewünscht, überprüfte, ob sich die Wohnverhältnisse und die Versorgung des Jungen ohne Fehl und Tadel gestaltete, sei nur nebenbei erwähnt. Das seltsame Eheverhältnis möchte ich hier nicht weiter kommentieren. Strafanzeigen wurden selbstredend erstattet.

Der Nachmittag zeigt erste dunkle Schatten am Himmel und neigt sich gemächlich dem Abend zu, da betritt eine resolute, schlanke Frau unseren Wachraum des Polizeiabschnitts 54. Im Schlepptau zieht sie zwei Jungen hinter sich her. Lautstark verkündet sie: „Diese beiden Rüpel wollten mein Fahrrad klauen, ich habe sie mir geschnappt und nun bin ich hier!" So viel Courage erstaunt mich und interessiert bitte ich sie, genau zu schildern, was passiert sei. Bereitwillig berichtet sie, dass sie vor ca. 25 Minuten aus dem Fenster blickte und dabei sah, wie die beiden acht und zehn Jahre alten Jungen versuchten, mittels einer kleinen Zange und einer Eisensäge das Kettenschloss ihres Fahrrades zu knacken. Blitzschnell sei sie nach unten gerannt und habe sich die beiden Nachwuchs-Ganoven gegriffen und hier zum Abschnitt gebracht. Dabei übergibt sie mir die Zange und die Säge, die einer der Jungen auf ihre Anweisung hin bis hierher tragen musste.

Nach der üblichen Prozedur der Personalienüberprüfung versuchen wir, per Telefon die Eltern der Früchtchen zu erreichen, damit diese abgeholt werden können. Wir erreichen aber niemand und so beschließen wir, sie selbst nach Hause zu bringen. Dabei fällt mir auf, dass der Achtjährige nicht nur ausgesprochen clever für sein Alter meine Fragen beantwortet und dabei äußert, dass sie das Fahrrad nur stehlen wollten, um das Taschengeld aufzubessern. Er versucht außerdem immer wieder mich davon zu überzeugen, dass er den Weg nach Hause allein gehen möchte. Dies kommt aber nicht in Frage und gemeinsam mit einem Kollegen bringen wir ihn zu seiner Wohnadresse. Als wir vor der Wohnungstür stehen und ich klingle, versucht er erneut, uns loszuwerden. Nach einer etwas längeren Zeit öffnet ein kleines Mädchen. Mein Blick in den Flur lässt mich erschaudern. Kleidungsstücke, Müll und vieles mehr türmen sich und lassen kaum Platz, um diesen langen Gang zu betreten. Im Hintergrund entdecke ich eine dickliche Frau, nur mit Strumpfhosen und BH bekleidet, die kurz aus einem Zimmer schaut und gleich wieder verschwindet. Ich rufe laut nach ihr und bitte sie, sich etwas anzuziehen und zur Tür zu kommen. Reaktion gleich null.

Nach angemessener Zeit betreten wir diese „Wohn-
höhle" und finden die Frau liegend in einer Art Bett. Sie
jammert laut, dass sie krank sei und dass sie es deshalb
nicht geschafft habe, aufzuräumen. Dies überrascht mich
doch sehr, denn wir müssen feststellen, dass die gesamte
3-Zimmer-Wohnung einer Müllhalde gleicht. Berge alter
Wäsche mit Sperrmüll vermischt bedecken sämtliche Bö-
den. Unerwartet steigt die Frau plötzlich aus dem Bett
und beginnt hektisch aufzuräumen. Dabei spricht sie ständig auf den Jungen ein, indem sie ihm die Schuld gibt, dass
nun die Polizei hier sei, und dass er jetzt in ein Heim müsse. Dieser fängt an zu weinen und ist von uns kaum zu
trösten. Erst als ich nachdrücklich erkläre, dass wir Hilfe
von Jugendamt vermitteln werden, entspannt sich die Situation ein wenig. Kurz darauf erscheinen Mitarbeiter der
Jugendbehörde und versprechen, sich dauerhaft um diese
Frau und ihre zwei Kinder zu kümmern. Etwas beruhigt
und nachdenklich fahren wir zurück zum Abschnitt.

Blutspur
Unglaublich konzentriert schnüffelt die Spurensuchhün-
din die Bodenfliesen in der umgebauten Ladenwohnung
ab. Geführt durch die vor ihr am Boden rutschende und
mit den Fingern auf die Fugen der Fliesen zeigende Hundeführerin, bilden beide eine bewundernswerte Einheit.
Kurz gönnt sich die Schäferhündin wiederholt Luft einzie-
hende Atemholphasen und setzt anschließend ihre schwierige Spurensuche fort.

Die Geruchsorgane von Hunden sind ein kleines Naturwunder.
Das Siebbein oder Riechbein bildet in der Nasenhöhle eine Spi-
rale, und die Nasenschleimhaut, die diese Spirale auskleidet,
hat entsprechend viele Windungen. Je nach Länge der Hunde-
schnauze erreicht diese Schleimhaut eine Ausdehnung von 85

bis 200 cm². *Sie trägt auch ein Flimmerepithel, das aus 120 bis 220 Millionen Flimmerhaaren mit ganz besonders leistungsfähigen Sensoren besteht. Zum Vergleich: Der Mensch verfügt lediglich über 3 cm² Nasenschleimhaut und die Anzahl seiner Geruchszellen begrenzt sich auf etwa 5 Millionen. Das Riechvermögen ist also bei Hunden insgesamt besonders stark ausgebildet, wobei manche Rassen eine noch feinere Nase haben als andere.* (www.Hundeinfos.de)

Die Hündin hat inzwischen eine alte Musikbox, die in einer Ecke steht, erreicht und kratzt plötzlich lautstark mit den Pfoten an einer Seite herum, wobei sie aufgeregt mit ihrem Schwanz wedelt. Die Hundeführerin zieht ihre Hündin zurück und erklärt zu Recht voller Stolz: „Hier ist eine Blutspur vorhanden; es besteht nicht der geringste Zweifel. Sie zeigt diese deutlich an!" Ein Blick auf die angezeigte Stelle: Nichts zu erkennen! Die Männer vom LKA (Spurensicherungstrupp) treten in Aktion und kurze Zeit später sind winzige Blutreste gesichert.

Sechs Monate zuvor: Der Wohnungsmieter, ich nenne ihn hier mal Mister M., bot großherzig seinem Kumpel Jochen die Ladenwohnung als Liebesnest an. Jochen, selbst noch jugendlich, hatte nämlich eine Austauschschülerin aus Spanien kennengelernt und beide verspürten ein lustvolles Bedürfnis, diese neue, „völkerverbindende" Freundschaft mit einer romantischen Nacht zu besiegeln. Gesagt, getan. Während ihrer heißen Kuschelei im Schlafzimmer des Mister M. merkten unsere Jungverliebten plötzlich, dass sie beobachtet werden. Und richtig, entgegen gemachter Absprachen stand der 50-jährige Mister M. mit heruntergelassener Hose im Zimmer und manipulierte hemmungslos an seinem Geschlechtsteil herum. Diese schreckhafte Entdeckung führte bei unserem Liebespärchen zur sofortigen Einstellung sämtlicher sexueller Aktivitäten. Mister M.

wollte aber nicht wieder verschwinden, sondern wie selbstverständlich an diesem Schäferstündchen teilhaben. Bei der daraus resultierenden Auseinandersetzung wurde Jochen von Mister M. übel verprügelt, wobei er auch gegen die Musikbox stieß. Er erlitt dabei eine stark blutende Kopfverletzung, während es die Schülerin aus Spanien schaffte, aus der Wohnung zu flüchten. Die von ihr zum Ort gerufene Polizei fand wenig später nur noch eine leere Wohnung vor. Jochen ließ sich unterdessen im Krankenhaus behandeln und zeigte anschließend aus Angst vor Mister M. einen „Straßenraub" bei der Polizei an, während unsere Schülerin zurück nach Spanien reiste.

Diesen doch sehr verworrenen Sachverhalt bekommt unsere Sachbearbeiterin Manu aus der 1. Dienstgruppe des A 54 auf den Tisch. Clever, erfahren und fleißig recherchiert sie hin und her und erkennt bald Widersprüche in den Aussagen von Jochen. In Verbindung mit einer Vernehmung der Schülerin in Spanien und der anschließenden Übersetzung räumt bald auch Jochen den oben beschriebenen, richtigen Tathergang ein.

Es ist aber nun bereits ein halbes Jahr vergangen, wie also diesen feinen Mister M. überführen und handfeste Indizien für eine Verurteilung sammeln? Manu beantragt einen Durchsuchungsbeschluss und nach dessen Ausstellung kommt sie auf die scharfsinnige Idee, Spurensuchhunde anzufordern, um nach dieser langen Zeit eventuell Blutspuren von Jochen in der Wohnung des Herrn M. zu entdecken und zu sichern. Und, wie wir bereits wissen, führt diese pfiffige Taktik zum erwünschten Erfolg: Die Verurteilung des Herrn M. war nur noch eine Formsache. Und die Moral von der Geschicht': Eine Hundeschnauze betrügt man auch nach einem halben Jahr nicht.

Ganz ist die Geschichte allerdings noch nicht zu Ende, denn es entwickelte sich noch ein wichtiger Nebenschauplatz. Als wir nämlich während der Spurensicherung durch das Landeskriminalamt vor der Tür auf der Straße warteten, bemerkte ich ein recht unsauber bekleidetes 12-jähriges Mädchen, welches etwas bedrückt an uns vorbeilaufen wollte. Da der Vormittag noch nicht vorüber war, fragte ich sie, warum sie denn nicht in der Schule sitzt und lernt. Ihre Antwort lautete: „Ich kann heute zu Hause bleiben, ich bin krank!"

Schnell lief sie weiter. Mich überzeugte diese Antwort allerdings wenig und so folgte ich ihr unauffällig, um zu sehen, wohin ihr Weg sie führte.

Nur wenige Meter von unserer Ladenwohnung entfernt, betrat das Mädchen einen Getränke-Shop. Da sie nach zehn Minuten nicht wieder herauskam, betrat ich ebenfalls diesen Getränkeladen. Dort bot sich mir folgendes Bild:

In einem offenen Nebenraum saß das Mädchen in rauchgeschwängerter Luft gemeinsam mit vier Männern und einer Frau kreisförmig um einen umgekippten Bierkasten herum. Sämtliche Erwachsene hatten etliche leere und volle Bierflaschen neben sich stehen und waren gut in Stimmung, das heißt, von Bier und Wein beseelt. Meine Frage nach der Mutter des Mädchens wurde von der Frau mit einem fröhlichen „Das bin ikke, wat jibt et denn?" beantwortet. Meine nun folgenden Anweisungen stellten sich nachdrücklich als „Spaßbremse" heraus. Mutter und Tochter durften mich, gemeinsam mit einem hinzugerufenen Kollegen, zu ihrer Behausung begleiten. Der Anblick, der sich uns dann beim Betreten der Parterrewohnung bot, konsternierte mich völlig und ist fast nicht zu beschreiben. Direkt im Eingangsbereich befand sich das sogenannte Wohnzimmer. Rechtsseitig stand eine völlig mit Katzen- und Hundehaaren verschmutzte Couch. Der davorstehende Tisch quoll über von Zigarettenasche, alten Essensresten und anderem nicht zu identifizierendem Müll. Durch den Flur kamen wir ins angebliche Kinderzimmer der Tochter. Dabei handelte es sich um eine Baustelle. Es waren weder Möbel noch andere Einrichtungsgegenstände vorhanden. Dafür standen Bretter und Säcke mit Unrat herum. Beim Blick in die Küche verlor ich aber endgültig die Fassung. Während fast überall unbeschreiblicher Schmutz das Bild bestimmte, standen auf einer Anrichte sieben sauber geputzte, silberfarbene Metallnäpfe mit Katzenfutter. Mir drehte sich der Magen um und meine Nase war bereits zugeschwollen. Eilig rannte ich auf die Straße, um frische Luft zu schöpfen.

Nachdem ich wieder einigermaßen atmen konnte, fragte ich die Tochter, wo sie denn schlafe. Sie gab an, gemeinsam mit ihrer Mutter auf der bereits beschriebenen Couch zu schlafen. Ich wunderte mich über gar nichts mehr und alarmierte unverzüglich das Landeskriminalamt und das Jugendamt zum Ort. Noch bevor sie eintrafen, weinte die Tochter bittere Tränen und bat immer wieder darum, nicht ins Heim zu müssen.

Für sie war es offensichtlich völlig normal, dass die geliebten Katzen sauberes Futter bekamen, während für sie selbst nicht ein Krümel essbare Nahrung vorhanden war. Schulsachen, Spielzeug oder kindgerechte Kleidung entdeckte ich nirgends. Dafür gab es ein reichliches Angebot an Alkohol und Zigaretten.

Hier soll es nun mit Beispielen von vernachlässigten Kindern und Jugendlichen genug sein. Ich glaube jedenfalls nicht, dass die Mädchen oder Jungen, von denen ich berichtete, die unfassbaren Formen von Vernachlässigung und Gleichgültigkeit, die sie ausgerechnet in der wichtigsten Phase ihrer Entwicklung ertragen mussten, einfach so wegstecken werden. Rechtzeitiger, effektiver Kinderschutz in Fällen wie den eben beschriebenen ist mit an Sicherheit grenzender Wahrscheinlichkeit ein Garant für eine spätere normale Entwicklung und muss zwingend ausgeweitet werden. Bleibt noch anzumerken, dass selbstverständlich in allen hier beschriebenen Fällen auch die Strafbarkeit, nämlich die nach § 225 StGB (Misshandlung von Schutzbefohlenen) und nach § 171 StGB (Verletzung der Fürsorge- oder Erziehungspflicht), geprüft und anschließend die notwendigen Verfahren eingeleitet wurden.

Das Jugendamt

Was Karlheinz Gaertner hier beschrieben hat, macht mir, Fadi Saad, eine Gänsehaut. Ich kann mir so etwas gar nicht vorstellen, auch weil ich selber zwei Kinder habe. Dass es Eltern gibt, die, statt die Hilfe von Behörden anzunehmen, es lieber selber versuchen, kann ich nachvollziehen. Dass diese im Elend enden, ist jedoch dramatisch. Wie aber kann es sein, dass diese jahrelang überforderten Eltern ihre Kinder so vernachlässigen können, ohne dass es die Nachbarn bemerken? Noch schlimmer ist es ja, dass zudem oft noch andere Familienangehörige involviert sind und auch nichts sagen.

Wem aber sollen oder können sie etwas sagen? Dem Jugendamt? Während meiner Arbeit im sozialen Bereich musste ich leider verstärkt feststellen, dass das Jugendamt keine sonderlich gern gesehene Behörde ist. Sie genießt keinen sonderlich guten Ruf bei den Menschen. Weder bei den Eltern, die ihre Kinder vernachlässigen ("Sie wollen uns nur die Kinder wegnehmen!"), noch bei denen, die die Vernachlässigung eigentlich melden sollten ("Nachher bekomme ich noch Probleme, nee, lass mal").

Mandy, eine 30-Jährige aus Hannover, rief mich an und schilderte mir eine ähnliche Situation wie schon weiter oben beschrieben. Sie war zu Besuch bei der Exfrau ihres Bruders, mit der die Familie nur wenig Kontakt hat. Ihr Bruder hat zwei Kinder mit der Ex, die beide bei ihr leben. Als Mandy die Wohnung betrat, bekam sie einen furchtbaren Schreck. Die Wohnung war sehr chaotisch und es roch stark nach Marihuana. Ein Blick auf den Tisch und den darauf stehenden Aschenbecher bestätigte den Verdacht. Während die Kinder vorm Fernsehen geparkt worden waren, stand das Zimmer unter einer Rauchwolke. Mandy verließ bald darauf die Wohnung, hatte ein verdammt schlechtes Gewissen und bat mich um einen Rat. Ich sagte ihr, sie solle auf jeden Fall die Polizei alarmieren. Sie selbst war sich aber nicht sicher, ob es schon so schlimm wäre, dass die Polizei gerufen werden müsste. Ich sagte ihr, das werde die Polizei dann entscheiden.

Mandy ging nach Hause und rief am nächsten Morgen das Jugendamt an und schilderte den Fall. Das Jugendamt nahm den Anruf ernst und klingelte schon kurze Zeit später bei der Exfreundin.

„Wir haben einen Anruf von Frau Mandy erhalten", mit diesem Satz besuchte das Jugendamt die Exfreundin. Nachdem die Vertreter des Jugendamts wieder weg waren, rief die Ex gleich bei Mandy an und drohte ihr: „Mandy, du kleine Schla..., willst mir die Kinder vom Jugendamt wegnehmen lassen, ich werde dir zeigen, was das bedeutet!" Mandy bekam es mit der Angst zu tun und erstattete nun Anzeige bei der Polizei.

Es heißt zwar immer, dass man sich auch anonym bei Behörden melden kann, aber viele, die es versucht haben, erfahren schnell, dass dann ihr Anliegen nicht so ernst genommen wird oder sie bedrängt werden, ihren Namen zu nennen. Hier muss das Jugendamt (wie auch andere Behörden) unbedingt an seinem Image arbeiten. Auch weiß von den Familien niemand so recht, welche Aufgaben und Funktionen das Jugendamt eigentlich hat.

Zivilcourage

Ein anderer wird schon helfen

Natürlich können Jugendamt oder eine andere Behörde nur tätig werden, wenn sie in Kenntnis gesetzt werden. Aber wie schon beschrieben, haben wir auch viele Menschen unter uns, die unter dem bekannten Vogel-Strauß-Syndrom leiden, wie folgendes Beispiel zeigt.

An einem Abend saß ich zu Hause und arbeitete am PC. Da es warm war, hatte ich auch die Fenster geöffnet. Plötzlich hörte ich Schreie von einem Kind: „Hilfe! Hilfe! Warum hilft mir niemand, ahhhhhh!" Ich schaute aus dem Fenster, konnte aber nicht wirklich etwas sehen. Die Schreie waren immer und immer wieder zu hören. Ich schnappte mir das Telefon und rief sofort die Polizei an. Gleichzeitig rannte ich runter auf die Straße, um gegebenenfalls helfen zu können. Der Beamte am Telefon konnte die Schreie auch hören und fragte mich, ob ich nachvollziehen könne, woher sie kommen. Ich wusste nur, dass es von gegenüber kommt. Zwischen unserem Haus und den Häusern auf der anderen Seite waren etwa 100 m und ein Spielplatz. Die Polizei war schnell da und kurz darauf fanden wir gemeinsam heraus, dass die Schreie aus einem Haus gegenüber aus der ersten Etage kamen. Die Beamten öffneten die Haustür und rannten hoch. Sie klingelten ununterbrochen, bis die Tür von einem kleinen Kind aufgemacht wurde. „Wer ist denn da an der Tür?", rief eine Frau aus dem Wohnzimmer. Nachdem sie ebenfalls den Weg zu Tür gefunden hatte, stellte sich schließlich heraus, dass ihre Kinder den kleinen Bruder auf dem Balkon ausgesperrt hatten.

Die Mutter war vom Fernsehen so abgelenkt gewesen, dass sie das alles nicht mitbekommen hatte. Ich meine, Gott sei Dank war nichts Schlimmes passiert. Aber dann stellte sich auch heraus, dass außer mir niemand bei der Polizei angerufen hatte. Selbst die Beamten vor Ort, die ja auch das Schreien hörten, wunderten sich, wie das denn sein kann, dass keiner außer mir anrief oder zu Hilfe kam. Mit Sicherheit hatten viele die Hilferufe gehört, schließlich waren sie ja nicht zu überhören gewesen, aber wahrscheinlich dachten die meisten: „Na ja, warum sollte ich jetzt anrufen, haben bestimmt schon andere gemacht." Wenn alle so denken, wer ruft dann an?

Das Vogel-Strauß-Erlebnis

Viele Menschen würden gerne öfter mal in die Rolle eines Tieres schlüpfen. Wer hat sich das noch nie gewünscht? Ach wäre ich doch ein Vogel, dann könnte ich davonfliegen. Wie gerne wäre ich jetzt Mäuschen und könnte da und dort rein und lauschen. Nun ja, ich kenne niemanden, der tatsächlich versucht hat, Mäuschen zu spielen und in ein kleines Loch reinzukommen. Aber wir haben Menschen kennengelernt, die gerne mal Strauß sein möchten, übrigens ein wunderschönes Tier. Er ist dafür bekannt, seinen „Kopf in den Sand" zu stecken. Die einen sagen, er tue dies bei Gefahr, andere wiederum, er suche seine versteckten Eier, die er zum Ausbrüten vergräbt.

Warum aber tun die Menschen so etwas? Warum stecken sie den Kopf in den Sand? Haben sie auch etwas zu verstecken? Sind sie vielleicht auch in Gefahr? Nein, das ist es wohl nicht! Und trotzdem lassen sich überall dort, wo es Probleme gibt, sehr schnell jede Menge Strauße beobachten. Immer wenn man sich die Frage stellt: „Wie konnte so etwas geschehen, ohne dass es jemand mitbekommen hat?", kann man davon ausgehen, dass es hier viele Strauße gab, die den Kopf in den Sand gesteckt und ein Problem einfach ignoriert haben.

Einige Erlebnisse, die Karlheinz Gaertner beschreibt, sind dafür gute Beispiele und leider gang und gäbe. Wir können es auch fast jeden Tag in den Medien hören oder lesen. Man hört von sexuellen Übergriffen auf Kinder, es werden Fahrgäste oder gar Busfahrer verprügelt. Und niemand will etwas gesehen haben.

Ich bin mir aber sicher, dass viele gerne helfen würden, aber nicht wissen, wie. Sie befürchten, dass ihnen selbst etwas passiert. Sie haben Angst, etwas falsch zu machen. Aber es gibt andere Möglichkeiten zu helfen.

Übertriebene Zivilcourage

1993 wohnte ich in Berlin-Reinickendorf, einer sehr ruhigen Gegend. Mein Onkel und ich wollten gerade Abendbrot essen, da hörten wir, wie eine weibliche Stimme um Hilfe rief. Wir schauten aus dem Fenster und konnten sehen, wie ein Mädchen im Erdgeschoss aus dem Fenster sprang und sehr hysterisch um Hilfe schrie. Ein Mann sprang ebenfalls aus dem Fenster und verfolgte das Mädchen. Wir sind sofort runter und den beiden hinterher. Als wir sie fast eingeholt hatten, versuchte das Mädchen verzweifelt, ein Auto anzuhalten. Als endlich ein Wagen anhielt, öffnete sie die hintere Autotür, um einzusteigen.

Der Mann, der ihr hinterherrannte, war aber schon nah genug an ihr dran und zog sie an den Haaren wieder raus. Das Auto dagegen fuhr einfach weiter, anstatt ihr zu helfen. Als ich sie schließlich erreichte, zog ich den Mann weg von ihr und drückte ihn auf den Boden. Dabei schlug ich ihm mehrmals ins Gesicht, während mein Onkel versuchte, das Mädchen zu beruhigen. Nun kamen aus einer

Kneipe einige Männer gelaufen. Als wir ihnen erzählten, was passiert war, waren sie sehr wütend. Kurz darauf traf auch die Polizei ein. Doch statt den auf der Straße liegenden Mann festzunehmen, haben sie mich zur Seite genommen, durchsucht und mir dann Handschellen angelegt. Die Männer, die aus der Kneipe kamen, protestierten und setzten sich für mich ein. Aber die Polizei wollte davon nichts wissen. Das Mädchen war eine Thailänderin und die Frau des Mannes, der sie verfolgt hatte. Ich erhielt eine Anzeige wegen gefährlicher Körperverletzung und Sachbeschädigung. Bei der Vernehmung sagt mir die Beamtin: „Herr Saad, es war sehr ehrenhaft, dass Sie der Frau geholfen haben, aber warum mussten Sie den Mann denn so zurichten?"

Ich antwortete ihr, dass er durch mich gelernt habe, wie schmerzhaft es ist, jemanden zu schlagen, und wie feige es außerdem ist, eine Frau zu schlagen. „Sie haben ihn ja nicht einmal festgenommen, durch Sie hätte er es nie gelernt. Ich dagegen wurde festgenommen und wie ein Straftäter behandelt, und dann wundern Sie sich, warum niemand helfen möchte, wenn was passiert."

Verhaltensregeln im Notfall – „Sei kein Vogel Strauß!"

Ich habe nie so etwas wie „Verhaltensregeln im Notfall" kennengelernt. Damit in Zukunft niemand die gleichen Fehler macht, wie ich sie in meiner obigen Geschichte beschrieben habe, unterstütze ich die „Goslarer Zivilcouragekampagne". Zivilcourage ist ein Thema, das jeden betrifft. Dabei geht es darum, in schwierigen Situationen nicht wegzuschauen, sondern Gesicht zu zeigen, ohne sich selbst in Gefahr zu bringen, und Hilfe über die Nummer 110 zu holen. Mit der Goslarer Zivilcouragekampagne – eine gemeinsame Aktion des Weißen Rings, der Polizeiinspektion Goslar, der Goslarschen Zeitung, des Fotostudios Photogeno und des Cineplex-Kinocenters in Goslar – wird ein Thema in den Mittelpunkt gerückt, das Solidarität mit den Opfern zum Ausdruck bringen und die Botschaft „Hinsehen, handeln, helfen" transportieren soll. Prominente Persönlichkeiten des öffentlichen Lebens zeigen für diese Aktion ihr Gesicht. Die Kampagne will darüber aufklären, was Zivilcourage ist. Meine Forderung an die Gesellschaft lautet dabei: „Verstecke dich nicht, zeige Gesicht!" (mehr dazu unter www.fadisaad.de)

Die Goslarer Zivilcouragekampagne startete unter der Schirmherrschaft des niedersächsischen Innenministers Uwe Schünemann. Anstoß für diese Kampagne war das selbstlose Eingreifen von Dominik Brunner in München, der Jugendlichen helfen wollte und dabei totgeprügelt wurde.

Um der landesweiten Zivilcouragekampagne ein Gesicht zu geben, haben sich die Initiatoren etwas Besonderes einfallen lassen: In einer eindrucksvollen Präsentation stellte die Aktionsfotografin Heike Göttert eine Plakatserie mit mehr als 55 prominenten Schauspielern, Sportlern, Politikern, Unternehmern sowie Bürgerinnen und Bürgern aus dem Landkreis Goslar mit ihren für sich sprechenden Statements vor.

Ganz vorne mit dabei ist auch mein Freund Günter Koschig. Der Goslarer Kriminalbeamte appelliert an alle Bürger, im Ernstfall hinzusehen und zu helfen, ohne sich selbst in Gefahr zu bringen. Seit nun mehr als zwei Jahren unterstütze ich ihn und sein Team bei ihrer Arbeit in den Schulen, unter anderem mit dem Ziel, den Schülern einige Verhaltensregeln mitzugeben.

Wenn man in eine Situation kommt, helfen zu müssen, sollte man einiges beachten (auf der Internetseite www.aktion-tu-was.de können dazu noch genauere Informationen eingeholt werden). Die Botschaften, die wir den Schülern vermitteln, sind folgende:

- Wir suchen und wollen keine Helden. Es erwartet niemand, dass man sich in Gefahr bringt. Also ganz wichtig: sich selbst nicht in Gefahr bringen, denn dann kann man auch nicht mehr helfen, sondern braucht selber Hilfe.
- Wenn Hilfe benötigt wird, muss man diese auch anfordern. Nicht warten, bis andere helfen kommen, sondern andere direkt ansprechen: „Hallo, Sie mit der roten Jacke, können Sie helfen?"
- Damit später der Täter auch geschnappt werden kann, spielt die Täterbeschreibung eine wichtige Rolle. Also bitte so viele Tätermerkmale wie möglich merken. Größe, Kleidung, Haarfarbe oder Autokennzeichen.
- Die Polizei kann nur so schnell sein, wie sie informiert wird, also bitte so schnell wie möglich die Polizei alarmieren oder jemand anders bitten, das zu tun.
- Sobald die Polizei da ist, darüber informieren, was geschehen ist, und sich als Zeuge zur Verfügung stellen.
- Das Opfer im Blick behalten und gegebenenfalls Erste Hilfe leisten. Meistens hilft es schon sehr, wenn man mit dem Opfer ein Gespräch führt. Das Opfer weiß dann, es ist nicht alleine.
- Ein ganz wichtiger Hinweis noch: Wenn man etwas beobachtet und helfen möchte, bitte nicht den Täter „duzen". Wenn der Täter geduzt wird, erweckt das eventuell für Umstehende den Eindruck, dass man den Täter kennt und dass es gar keinen Konflikt gibt.

Es gibt keine hundertprozentige Garantie, wie alles genau richtig gemacht werden kann. Aber eines zählt ganz sicher dazu: sich selbst nicht in Gefahr zu bringen und die Polizei zu alarmieren.

Den Medien zufolge handelt es sich bei den Tätern oft um sogenannte Intensivtäter. Aber wenn diese dann vor Gericht stehen, geschieht ihnen häufig nicht viel. Was aber tut die Polizei und was sind eigentlich Intensivtäter?

Täterprofile

Intensivtäter

Selbstverständlich haben die Polizei und die Justiz in den letzten Jahren mit einer Vielzahl von Maßnahmen auf die zunehmende Gewalt von Jugendlichen und Heranwachsenden reagiert und es sind auch erste Erfolge zu verzeichnen. Neben dem besonders beschleunigten Jugendverfahren, welches in erster Linie dazu dient, den jugendlichen Straftäter schnellstmöglich mit seiner Tat zu konfrontieren und einer spürbaren Strafe zuzuführen, wurden das sogenannte „Intensivtäterprogramm" in die Wege geleitet sowie „der Schwellentäter" und „der kiezorientierte Mehrfachtäter (KoMT)" eingeführt. Dazu wurden folgende Definitionen der zuständigen Fachkommissariate erstellt, die ich hier auszugsweise wiedergebe.

Bei *Intensivtätern* handelt es sich um Personen:

1. die den Rechtsfrieden besonders störende Straftaten, wie z. B. Raub-, Roheits- und/oder Eigentumsdelikte, in besonderen Fällen begangen haben oder

2. innerhalb eines Jahres in mindestens zehn Fällen Straftaten von einigem Gewicht begangen haben und bei denen die Gefahr einer sich verfestigenden kriminellen Karriere besteht.

Bei den unter 1. angeführten, besonders störenden Straftaten sind in erster Linie die Raubtaten gemeint, also von
Raub (§ 249 StrafGesetzBuch) bis zu *Räuberischer Diebstahl*
(§ 252 StGB) oder *Räuberischer Erpressung* (§ 255 StGB) und
im Roheitsbereich von *Körperverletzung* (§ 223 StGB) bis
Körperverletzung mit Todesfolge (§ 227 StGB). Eigentumsdelikte in besonderen Fällen umfassen die Straftaten *Diebstahl* (§ 242) bis hin zu *Schwerem Bandendiebstahl* (§ 244a
StGB).

Bei den unter 2. definierten „Straftaten von einigem
Gewicht" handelt es sich um solche, die die Bagatellgrenze
und den Bereich der geringen Schuld übersteigen.

Bereits 1995 kamen Mitarbeiter der Berliner Polizei zu der
Erkenntnis, dass nur wenige Täter eine Vielzahl von Straftaten begehen. Das heißt, es fiel den Kollegen und Kolleginnen auf, dass einzelne Jugendliche zum Teil Dutzende
Straftaten begingen, aber von den unterschiedlichsten
Sachbearbeitern der verschiedensten Fachkommissariate
„betreut" wurden. Dies war weder effektiv noch führte es
dazu, dass die kriminelle Energie dieser Straftäter rechtzeitig erkannt wurde, um gegenzusteuern. So kam es zum
Programm der „Täterorientierten Ermittlungsarbeit". Dies
ermöglichte eine personenorientierte und deliktunabhängi-
ge Bearbeitung von Strafverfahren sowie das Zusammen-
führen von Informationen über Personen, deren kriminelle
Karriere bereits begonnen hatte oder sich schon abzeichne-
te.

Dieses Programm ist in erster Linie auf den Bereich
der Jugend- und Gewaltkriminalität abgestellt und führt
dazu, dass sich im Idealfall immer ein und derselbe Sachbearbeiter um den immer gleichen Straftäter kümmert und
dieser auch stets bei demselben Staatsanwalt „landet". Diese intensive Betreuung soll Serienstraftäter nicht nur von

weiteren Straftaten abhalten. Sie dient auch dazu, sie rasch der Justiz zur Verurteilung zuzuführen.

Schwellentäter und kiezorientierte Mehrfachtäter

Bei den Schwellentätern handelt es sich um solche, die verdächtigt sind, mindestens fünf Gewaltstraftaten von einigem Gewicht (Raubstraftaten) begangen zu haben, und bei denen die Prognose gestellt werden kann, dass sie künftig mit hoher Wahrscheinlichkeit weitere derartige Straftaten begehen werden.

Der kiezorientierte Mehrfachtäter ist eine Person, die

- innerhalb eines bestimmten, örtlich eingrenzbaren Bereiches (Polizeiabschnitt)
- und innerhalb eines relativ engen Zeitraumes (ein Jahr)
- durch wiederholte Begehung von Straftaten polizeilich in Erscheinung getreten ist
- und bei der unter kriminologischer Betrachtung und Bewertung ihres bisherigen Verhaltens prognostiziert werden kann, dass sie auch künftig mit hoher Wahrscheinlichkeit Straftaten begehen wird,
- und bei der deshalb eine personenbezogene Sondersachbearbeitung für mindestens ein Jahr geboten scheint.

In der Praxis wird so verfahren, dass bei einem jugendlichen Straftäter zunächst geprüft wird, ob ein besonders beschleunigtes Jugendverfahren, wie es von der Berliner Richterin Kirsten Heisig praktiziert und gefordert wurde, durchgeführt werden kann.

Dazu muss es sich

- um einen einfachen Sachverhalt handeln,
- der Jugendliche muss die Tat gestehen,
- er muss die Tat allein begangen haben und
- der Erziehungsberechtigte muss ins Verfahren einbezogen werden.

Dann geht alles sehr schnell. Im Idealfall kommt es am gleichen Tag, zumindest aber innerhalb von zwei Wochen zu einer dem Delikt angemessenen Strafe. Dadurch merkt der jugendliche Täter sofort, was er angerichtet hat – die Strafe folgt auf dem Fuße –, der Erziehungseffekt ist entsprechend hoch. Es wird sogar davon ausgegangen, dass der erzieherische Einfluss dieser „Sofortverurteilung" eine kriminelle Karriere gegebenenfalls verhindert. Bevor dieses Verfahren eingeführt wurde, konnte es vorkommen, dass das Strafverfahren Monate, ja sogar Jahre nach der Straftat erfolgte. Der Täter wusste dann bereits gar nicht mehr, was er „verbrochen" hatte, und verübte im Glauben, dass sowieso nichts mehr passiert, weitere Straftaten.

Bedauerlicherweise hat sich die Richterin Kirstin Heisig, die in ihrem Denken und Handeln meiner Meinung nach vielen ihrer Kollegen einiges voraus hatte, das Leben genommen. Für ihren unerschrockenen Einsatz und ihre unermüdliche Arbeit in der Bekämpfung der Jugendkriminalität wurde ihr am 23. September 2010 posthum der Orden *Bul de mérite* vom Bund Deutscher Kriminalbeamter verliehen. Bei dieser Veranstaltung des BDK hatte ich die Ehre, einen Vortrag über kiezbezogene Jugendkriminalität halten zu dürfen.

Diversionsverfahren

Ergänzend zu den eben beschriebenen Verfahren möchte ich noch eine weitere Möglichkeit vorstellen, die sich in der polizeilichen Praxis bewährt hat und immer wieder neu auf ihre Anwendbarkeit hin überprüft wird. Es handelt sich um das sogenannte *Diversionsverfahren.*

Hier werden zunächst vom zuständigen Sachbearbeiter folgende Punkte geprüft:

- Handelt es sich um eine Tat von geringer Bedeutung?
- Ist es die erste Tat?
- Ist der Beschuldigte jünger als 21 Jahre?
- Ist er freiwillig bereit, sich einer erzieherischen Maß-
  nahme zu unterziehen?
- Erscheint er zur verantwortlichen Vernehmung?
- Sieht er das Unrecht seiner Tat ein und zeigt Reue?
- Liegt das Einverständnis der Eltern oder des Erzie-
  hungsberechtigten bei einem unter 18-Jährigen vor?
- Stimmt der Staatsanwalt zu?

Sollten diese aufgezählten Punkte zutreffen, so wird ein so-
genannter Diversionsmittler oder eine Diversionsmittlerin
kontaktiert. Diese entwickeln mit dem oder der Beschuldig-
ten in einem gemeinsamen Gespräch eine geeignete erzieherische Maßnahme. Dabei wird es dann z. B. um eine
Entschuldigung beim Opfer, eine Schadenswiedergutma-
chung oder jegliche andere Formen des Ausgleichs mit
dem Opfer gehen. Damit dieser Täter-Opfer-Ausgleich
auch wirklich erfolgt, wird er zusätzlich vom Diversionsmittler überwacht und anschließend dem Jugendstaats-
anwalt zu Kenntnis gebracht.

Zusammengefasst heißt dies, dass bei jedem jugendlichen oder heranwachsenden Täter – vom Schwellentäter
bis zum Intensivtäter – vom polizeilichen Sachbearbeiter
geprüft wird, ob die oben genannten Diversions-Kriterien
beim kiezorientierten Mehrfachtäter zutreffen, sodass
dann jeweils angemessen verfahren werden kann.

Bei diesem Verfahren behält die Polizei ihr Wissen
aber nicht für sich. Ein fein gesponnenes Netz zwischen
der Polizei und der Justiz, den Schulen, den Jugendämtern
und den Eltern hat bisher zweifellos dazu geführt, dass
heute sehr schnell richtungsweisende Reaktionen erfolgen
können. Der jugendliche Straftäter weiß also, dass Erzie-

hungsmaßnahmen koordiniert werden und er nicht mehr darauf vertrauen kann, diese durch allerlei Tricks zu umgehen. Lediglich der Datenschutz bremst derartige Reaktionen der beteiligten Einrichtungen teilweise aus.

Mitglied im Motorrad-Club werden

Neben den von Karlheinz erwähnten Vernetzungspartnern gehören auch die Jugendeinrichtungen, Sozialarbeiter und natürlich auch wir, das Quartiersmanagement, dazu. Während meiner Tätigkeit im sozialen Bereich habe ich meine Beziehungen zu den verschiedensten Behörden und Einrichtungen aufbauen können. Ohne diese wäre meine Arbeit nur halb so gut. Meist konnte und kann so Schlimmeres verhindert werden.

In dem Umfang, in dem die Medien das Thema „Rockerbanden" aufgriffen, wuchs auch das Interesse der Jugendlichen, bei einer solchen Motorrad-Gruppe mitmachen zu wollen. Es war kaum mit anzusehen. Jugendliche, die ich von klein auf kenne, tragen plötzlich eine Kutte mit den Symbolen eines Motorrad-Clubs. Und natürlich verändert sich dadurch auch gleichzeitig ihr Charakter. Plötzlich wachsen ihnen Rasierklingen unter den Armen. Sie werden hemmungsloser und wollen gern zu den ganz Großen dazugehören. Leider werden ihnen nur die „guten" Seiten eines solchen Clubs vorgestellt, die sinngemäß in etwa so lauten: „Du hast Rückendeckung, keiner traut sich mehr, dich anzufassen, und du bekommst eine neue Familie, die immer für dich da ist."

Ich kann die Jugendlichen verstehen, denn ich kenne die Sehnsucht nach Zugehörigkeit, Respekt und Anerkennung. Mich hat sie damals auch in eine Gang geführt. Doch wie damals bei mir werden auch den heutigen Jugendlichen natürlich nicht die „Risiken und Nebenwirkungen" eines Motorrad-Clubs erläutert und sie haben auch keinen „Arzt", den sie dazu befragen können. Einmal ein Motorrad-Club-Mitglied, immer ein Motorrad-Club-Mitglied, das heißt, du kommst nicht mehr da raus.

Mino, ein 14-jähriger Bekannter von mir, hat diese Sehnsucht ebenfalls verspürt. Ein Kumpel von ihm nahm ihn einmal in ein solches *Chapter* mit, so nennt man den regionalen Ableger einer der großen Motorrad-Gangs. Mino war beeindruckt von den vielen coolen und breiten Jungs. Noch viel mehr beeindruckten ihn die tollen Autos direkt vor der Tür.

Die Höhepunkte für die Nachwuchstalente sind die großen Einsätze der Polizei geworden. So viel Action mit Blaulicht ist einfach irre. Da wird schnell die Straße abgesperrt, die Beamten stürmen das Clubhaus und sie gehen wieder, weil sie nichts finden. Den Kleinen wird erzählt: „Seht ihr, wie gefürchtet wir sind? Selbst die Polizei hat Angst vor uns und traut sich nur mit so vielen Polizisten zu uns!"

Als Einstieg gibt es natürlich ein kleines Willkommensgeschenk. Die Nachwuchskräfte erhalten ein T-Shirt, was ihre Unterstützung für den Club signalisiert. So haben sie schon mal Zeit, sich für eine Kutte und damit für die volle Mitgliedschaft im Club zu entscheiden. Ein solches T-Shirt zu tragen ist ja noch keine Straftat. Doch der Weg zur Kutte leider schon.

Mino wollte auch ein Unterstützer sein. Er erhielt ein schickes T-Shirt und lief von nun an ganz stolz in seinem Kiez herum. Die anderen Gleichaltrigen bewunderten ihn. Seine Eltern haben das mitbekommen und baten mich, der Sache nachzugehen. Ich traf ihn „zufällig" an einem wunderschönen sonnigen Tag. Er lief mit geschlossener Jacke herum. Ich bat ihn, die Jacke zu öffnen, so könnte ich sehen, um was für ein T-Shirt es sich handelte. Nach einem kurzen Gespräch trennten sich unsere Wege und ich hoffte, er hatte meine Ansprache verstanden. Am nächsten Tag rief mich seine Mutter an und teilte mir mit, dass er das T-Shirt weggegeben hat.

Polizeibeamte einer Spezialeinheit für Jugendliche (OGJ – *Operative Gruppe Jugendgewalt*, später mehr dazu) trafen Mino an einem Wochenende wieder, als er mit dem gleichen T-Shirt herumlief wie zuvor. Sie erkannten ihn als einen meiner Schützlinge, und auch sie erzählten ihm etwas über die Hintergründe der Motorrad-Clubs. Er versprach, das T-Shirt wegzugeben, und bat sie, mir nichts zu erzählen. Was sie auch erst einmal nicht taten. Fünf Tage später sahen ihn die Beamten auf einem Bolzplatz beim Fußballspielen und natürlich wieder mit dem T-Shirt. Doch dieses Mal riefen sie mich an und ich konnte zehn Minuten später auf dem Platz sein.

Ich holte ihn vom Platz herunter und brachte ihn nach Hause, damit er sich umziehen konnte. Anschließend sind wir zurückgefahren und haben gemeinsam mit den Beamten der OGJ ein Gespräch geführt. Wir versuchten Mino davon zu überzeugen, diesen Blödsinn mit dem Club zu vergessen. Er sagte immer wieder, dass er nichts Verbotenes machen würde. Aber nach dem Gespräch hat er verstanden, dass wir mehr davor Angst haben, dass ihn Mitglieder der anderen Motorrad-Clubs unterwegs mit dem T-Shirt sehen und ihm etwas antun könnten. Jedenfalls war es ein erfolgreiches Gespräch und die investierte Zeit hatte sich gelohnt. Heute trägt er kein solches T-Shirt mehr und er besucht auch wieder die Schule.

Das ist genau das, was Karlheinz Gaertner beschrieben hat. Durch ein fein gesponnenes Netz von Ansprechpartnern und verschiedenen Einrichtungen lernen die Jugendlichen schnell, dass sie uns nicht so einfach austricksen bzw. gegeneinander ausspielen können.

Du musst dein Leben ändern!

Es ist einfach, jemandem zu sagen: „Mensch, Junge, du musst dein Leben ändern, sonst landest du noch im Knast!" Haben Sie schon mal versucht, einen Raucher vom Rauchen wegzubekommen? Obwohl der Raucher weiß, dass das Rauchen seiner Gesundheit extrem schaden kann, raucht er weiter. Wenn er doch aufhören möchte, dann gibt es viele Alternativen, die ihm beim Abgewöhnen unterstützen: die elektrische Zigarette, Pflaster oder Kaugummis.

Wie aber bekommt man einen Jugendlichen von einer Gang weg? Ist das überhaupt möglich? Ja, das ist es, aber es ist ein langwieriger Prozess, der einer intensiven Unterstützung bedarf. Wie bei einem Raucher, der mit dem Rauchen aufhören möchte, müssen zunächst bestimmte Grundeinstellungen vorhanden sein. Der Jugendliche muss sein Leben ändern *wollen*, denn nur dann kann man ihm auch helfen.

In der Gruppe oder Gang hatte er Wertschätzung, Anerkennung, Respekt und Geborgenheit erfahren. Mit dem Vorhaben, sein Leben ändern zu wollen, muss für die ehemalige Gruppe ein Ersatz gefunden werden. Je nach Interessen des Jugendlichen können Sportvereine, eine neue Schule oder ein neues Umfeld helfen. Wenn die Familienverhältnisse noch einigermaßen intakt sind, dann kann die Familie einer der größten Unterstützer sein.

Jetzt geht es vor allem darum, die Stärken und Fähigkeiten des Jugendlichen festzustellen und diese zu nutzen, um Erfolge zu erzielen. Denn es sind die kleinen Erfolge, die uns im Leben aufbauen und uns dazu ermutigen, immer weiterkommen zu wollen.

Wenn man verstanden hat, warum ein Jugendlicher den Weg in eine Gruppe sucht, dann kann man auch etwas dagegen tun. Grundsätzlich sollte jeder Jugendliche als Individuum gesehen werden, da man dann keine Pauschalrezepte ausprobiert. Mein Appell an die Jugendeinrichtungen: Geht mehr raus und holt euch die Jugendlichen ins Haus!

Die Operative Einheit „OGJ" der Polizei macht es fast genau so: Sie geht zwar raus und sucht die Jugendlichen, versucht sie aber möglichst nicht in ihr „Haus" (Zelle) zu holen, sondern sie versucht, von der Zelle fernzuhalten. Im Rahmen der Aufgabenbewältigung bei der Bearbeitung von Straftaten, die von Jugendlichen begangen werden, ist deshalb die sogenannte *Gefährderansprache* ein Instrument, das von den Beamten und Beamtinnen der *Operativen Gruppe Jugendgewalt* der Direktion 3 gerne genutzt wird.

Die Gefährderansprache

Die *Gefährderansprache* wird als eigenständiger Begriff weder im Allgemeinen Sicherheits- und Ordnungsgesetz (ASOG) des Landes Berlin noch in der Strafprozessordnung (StPO) aufgeführt oder genannt. Die Gefährderansprache ist ein wichtiges Mittel, um Menschen – in der Regel Jugendliche – davor zu schützen, (erneut) Opfer einer brutalen Gewalttat zu werden. Sie hilft Menschen, darauf zu vertrauen, vom Rechtsstaat, hier vertreten durch die Polizei, auch geschützt und nicht Opfer eines „Rechts des Stärkeren" zu werden.

Unter *Gefährderansprache* versteht man die Ansprache an eine Person oder eine Personengruppe, die aufgrund ihres bisherigen Verhaltens polizeiliche Aufmerksamkeit erregt. Dabei handelt es sich nicht um eine strafprozessuale Maßnahme, sondern um eine Maßnahme zur Gefahrenabwehr. Durch diese gezielte Ansprache im Bereich der Jugendgruppengewalt wird der oder die Angesprochene auf sein oder ihr Fehlverhalten hingewiesen. Ihm oder ihr sollen die polizeilichen Möglichkeiten aufgezeigt und erläutert werden, wenn sie selbst oder Freunde von ihnen beispielsweise Zeugen oder Geschädigte bedrohen oder nötigen. Durch die Gefährderansprache soll bei den Tätern und Täterinnen eine psychische Hemmschwelle aufgebaut werden, um ihre möglichen Opfer vor zukünftigen Übergriffen oder Einschüchterungen zu schützen.

Wichtig für das allgemeine Verständnis ist hierbei, dass durch die Gefährderansprache kein Verbot ausgesprochen wird, sondern dass die Betroffenen nur daran erinnert werden, bestehende Gesetze zu respektieren, also z. B. keine Körperverletzungen oder Nötigungen zu begehen.

Als Fachdienststelle für Jugend- und Jugendgruppengewalt hat die OGJ überwiegend mit Jugendlichen zu tun, die polizeilich in Erscheinung treten. In vielen Fällen sind die Jugendlichen der Polizei bereits durch diverse Vorgänge oder Identitätsfeststellungen bekannt. In diesem Zusammenhang wird die OGJ sowohl präventiv als auch repressiv tätig.

Im Rahmen der Prävention, also der vorbeugenden Bekämpfung von Straftaten, wird gezielt das Gefährdergespräch mit den Jugendlichen durch die OGJ gesucht. Die jugendlichen Täter schüchtern oftmals Geschädigte oder Zeugen ein und geraten dabei häufig in den strafrechtlich relevanten Bereich der Zeugenbeeinflussung.

Beispielhaft sei hier die Aussage genannt: „Wenn du bei den Bullen was sagst, dann wirst du es bereuen, das schwöre ich dir!" In solchen Fällen wird geprüft, ob hierfür bereits der Haftgrund der Verdunklungsgefahr in Betracht kommen könnte, da beim Opfer bewusst eine Einschüchterung angestrebt wird.

Somit kommt in vielen Fällen zumindest eine strafrechtlich relevante Nötigung in Betracht. Zielrichtung der Gefährderansprache ist demnach auch, die Täter und Täterinnen von der Beeinflussung von Zeugen oder Geschädigten abzuhalten.

Die Gefährderansprache stellt eine verantwortungsbewusste Hilfe für tatverdächtige Jugendliche dar. Ihnen wird erläutert, dass sie sich in die Gefahr begeben, Ziel schwererer polizeilicher Maßnahmen, bis hin zur Erlangung eines Haftbefehls, zu werden, wenn sie ihr gewalttätiges Verhalten fortsetzen. Die Gefährderansprache trägt damit dem Anspruch unserer Gesellschaft Rechnung, dass bei Jugendlichen der Erziehungsgedanke Vorrang vor dem Strafgedanken hat, wie es auch im Jugendgerichtsgesetz ausgeführt wird.

Es obliegt der geschickten Gesprächsführung des jeweiligen Beamten oder auch der Beamtin, den Jugendlichen die Folgen ihres Handelns vor Augen zu führen und sie entweder durch den Aufbau einer psychischen Hemmschwelle (Abschreckung) oder durch das Erreichen eines Umdenkens (positive Beeinflussung) wieder auf den gesetzestreuen Weg zurückzuführen. Die Gefährderansprache hat sich bei der Bekämpfung der Jugend- und Jugendgruppengewalt hervorragend bewährt und stellt ein äußerst wirksames Mittel der Prävention dar.

Erfahrungsgemäß reagieren Jugendliche zum größten Teil positiv auf eine Gefährderansprache, da ihnen häufig nicht bewusst ist, dass sie sich mit ihrem Verhalten strafbar machen und sie gegebenefalls sogar in Haft genommen werden könnten. Die OGJ führt Gefährderansprachen oft mit Jugendlichen durch, die ihnen bereits länger durch ihre Arbeit bekannt sind. Daher profitiert sie von ihrem Ruf, den sie bei vielen Jugendlichen genießt. Die Jugendlichen wissen sehr genau, dass die OGJ ihre Maßnahmen konsequent umsetzt. Die Jugendlichen verstehen Gefährderansprachen daher als allerletzten Hinweis, bevor weitere Maßnahmen gegen sie eingeleitet werden. Aus diesem Grund verhält sich auch die Mehrheit der Jugendlichen bei einer Gefährderansprache kooperativ und ändert aus Respekt vor den sonst drohenden rechtlichen Konsequenzen ihr Verhalten (Quelle: OGJ Direktion 3 [A. Yelgin und S. Breuer] für die Stiftung SPI).

Die „Operative Gruppe Jugendgewalt" – OGJ

Anfang der 90er Jahren traten vermehrt Jugendgangs auf. Um der damit verbundenen Jugendgewalt entgegenzuwirken, wurden Beamte der Polizei zu einer Ermittlungsgruppe zusammengeführt. Da es sich um eine kleine Einheit handelt, sind sie den Jugendlichen meist bekannt. Gleichzeitig ermöglicht es den Beamten, die „Pappenheimer" in ihrem Zuständigkeitsbereich zu kennen. Sie werden meist dazugerufen, wenn es sich um Delikte der Jugendkriminalität handelt. Dazu gehört insbesondere das sogenannte Abziehen (Raub und räuberische Erpressung). Meist sind mit dem Abziehen auch weitere Delikte wie Körperverletzung oder Bedrohung verbunden.

Mit dem repressiven Handeln geht die präventive Arbeit einher. Zu ihren Aufgaben gehört es, Treffpunkte der Jugendlichen aufzusuchen und für sie ansprechbar zu sein. Sie sind in Zivil im Einsatz und sorgen nicht gleich für großes Aufsehen, wenn sie mit einem Jugendlichen auf der Straße reden.

Neben den Jugendlichen suchen auch Eltern und Schulen den Kontakt zur OGJ. Dank einer guten Vernetzung ist es möglich, die vorhandenen Ressourcen der Polizei und des Quartiersmanagements zu bündeln und Hilfesuchende gezielter zu unterstützen. So auch kurz vor den Sommerferien, als eine Mutter die Beamten der OGJ anrief und sie um Unterstützung bat.

Ihr Sohn besuchte die neunte Klasse eines Gymnasiums und seine Noten hatten in den letzten Monaten stark nachgelassen. Nun musste er runter vom Gymnasium und auf einer anderen Schule die verbleibenden Jahre vollenden. Die OGJ nahm die Anfrage und die Sorgen der Mutter selbstverständlich ernst. Dennoch ist die OGJ aus personellen Gründen nicht in der Lage, mit einer individuellen Begleitung für den Jungen da zu sein, zumal auch in diesem Fall keine Straftat vorlag. Also rief mich einer der Beamten an und erzählte mir von dem Jungen. Zwei Tage später trafen wir uns mit ihm und ich übernahm die weitere Betreuung.

Der Orientierungsplan

Zunächst einmal galt es festzustellen, warum die Leistungen des Jungen nachgelassen haben und welche Ziele er für sein Leben hat. Aber auch, was die Eltern darüber denken.

Es ist nicht immer so wie vorhin beschrieben, dass sich bei Problemen die Eltern melden. Auch bei auffälligen Schülern ist dies leider nicht immer der Fall. Diese Eltern tauchen bei keinem Elternabend oder in keinem Elterngespräch auf. Also gehe ich sie zu Hause besuchen. Ich führe mit den Eltern und dem Schüler erst einmal getrennt voneinander ein Gespräch. Im Anschluss und wenn beide einverstanden sind, setzen wir uns zusammen.

Ich schließe zwischen dem Schüler, den Eltern und mir eine Vereinbarung. Genauer gesagt, erstelle ich mit dem Schüler einen Orientierungsplan mit Fernzielen und unterteile diese wiederum in Nahziele. Wenn ein Schüler in der neunten Klasse ist und sich vornimmt, am Ende der zehnten Klasse den Realschulabschluss zu erreichen, dann fange ich damit an, mit dem Schüler Nahziele zu vereinbaren, die er auch schaffen kann, die also realistisch sind. Das heißt, sich auf die nächste Klassenarbeit vorzubereiten, seine Hefter zu aktualisieren, sich einen Lernpartner zu suchen, sein Vorhaben auch den Lehrkräften mitzuteilen oder zum Beispiel etwas an seinem Verhalten gegenüber den Lehrern und Mitschülern zu ändern. Hierbei werden auch Aufgaben an die Eltern und an mich verteilt. In einigen Fällen sogar auch an die Lehrer, wenn eine entsprechende Vereinbarung zwischen dem Schüler und den Lehrern getroffen wird.

Wichtig dabei ist, dass der Schüler mit Konsequenzen zu rechnen hat, wenn er die Vereinbarung nicht einhält. Genauso wird er aber auch belohnt, wenn er sich an die Vereinbarung hält. Die Eltern können ihre Kinder sehr dabei unterstützen, ihre Ziele zu erreichen. Dazu müssen sie aber auch lernen, ihren Kindern zuzuhören und ihre Interessen zu unterstützen. Nur leider fällt gerade das vielen Eltern besonders schwer.

Auge um Auge oder die wahre Mutterliebe?
Ob Mütter ihre Kinder allerdings so unterstützen sollten, wie ich es im folgenden, leicht skurrilen Fall beschreibe, wage ich zu bezweifeln: Der privat organisierte Ventilator schaufelt unermüdlich die stickige, schwüle Luft durch den Wachraum des Polizeiabschnittes und schafft so eine Atmosphäre, die zumindest ein Mindestmaß an Frische vorgaukelt. Es ist immer noch Hochsommer und entsprechend mollig warm. Durch die Eingangstür der Wache schiebt sich eine wuchtige Dame, bekleidet mit einem

knallgelben, luftigen Blümchensommerkleid, die mich sofort an bekannte Bilder vom Altmeister des Berliner Zeichnens, Heinrich Zille, erinnert. Verstärkt wird dieser Anblick dadurch, dass dieses zarte Nichts von Kleidchen nur mühsam die üppige Körperfülle verdeckt und so viel mehr zeigt, als die Schicklichkeit es eigentlich erlaubt. An ihrer Hand, im Schlepptau hinterhergezogen, erkennbar ihr deutlich übergewichtiger Filius.

„Ich möchte mich selbst anzeigen!", ihre Worte hallen wie ein Donnergrollen durch den Raum. Augenblicklich ist es mucksmäuschenstill und sämtliche Augen blicken zum Tresen. Unsere erfahrene Anzeigenaufnehmerin, ich nenne sie im weiteren Polizeikommissarin (PKin) M., übernimmt den Fall und bittet um genauere Auskünfte zu ihrem Anliegen. Lautstark, aber nun mit leicht weinerlicher Stimme, wiederholt die „Matrone": „Ich möchte mich selbst anzeigen!", wobei sie anschließend leise und mit einem Gesicht, welches einen jahrelangen Leidensdruck erkennen lässt, hinzufügt: „Mein Name ist Frau Klopps!"

Ohne eine Reaktion der Kollegen abzuwarten, erzählt sie übergangslos, welche Pein sie bisher zu erleiden hatte, wenn sie sich irgendwo als Frau „Klopps" vorstellte. „Schon in der Schule hatte ich unter diesem Namen zu leiden und wurde ständig gehänselt. Ich sehe es ja ein, da ich bereits damals schon sehr dick war und mein Name deshalb auch irgendwie zu mir passt!", fügte sie zögernd hinzu.

PKin M., ich bewundere ihre Gelassenheit, nimmt diese Sätze so locker zur Kenntnis wie ein Gespräch übers Wetter, während ich ein Schmunzeln nur mühsam unterdrücke. Ruhig und ohne das Gesicht zu verziehen, bittet sie Frau Klopps und ihren Sohn, ihr in die vierte Etage zu folgen, um dort die genauen Umstände ihrer Selbstanzeige zu erklären.

So setzt sich eine denkwürdige Prozession in Gang. Vorneweg PKin M.: 160 cm groß, ca. 50 Kilogramm leicht, unmittelbar folgend Frau Klopps: 178 cm groß, weit über 100 Kilo schwer, und dann ihr 11-jähriger Sohn, liebevoll von der Mutter Klöppschen genannt: 163 cm groß und über 80 Kilo schwer. Zum Glück ist der Abschnitt mit einem Fahrstuhl gesegnet, denn allein die kurze Wegstrecke in den vierten Stock ins Zimmer der Polizeibeamtin hinterlässt bereits deutliche Spuren der Erschöpfung in Form unzähliger Schweißtropfen auf der Stirn von Frau und Sohn Klopps.

„Nun erzählen Sie mal in Ruhe, warum Sie sich anzeigen wollen!" Diese Worte von PKin M. veranlassen Frau Klopps sofort, mit ihrer ungewöhnlichen, aber für Neukölln doch realitätsnahen Geschichte loszulegen: „Mein Sohn kam heute bereits in den Vormittagsstunden nach Hause und erzählte mir unter Tränen, dass er wieder einmal von seinen Klassenkameraden geschlagen und gehänselt wurde. Es war so schlimm wie lange nicht mehr und er hatte deshalb die Schule früher verlassen! Mich packte die Wut. Gemeinsam mit Klöppschen fuhren wir zur Schule. Nachdem ich an der Klassentür geklopft hatte, kam der Klassenlehrer heraus und erklärte, dass er im Augenblick keine Zeit hätte, diese Angelegenheit zu klären, da gerade eine Arbeit geschrieben würde. Meine Wut war so groß, dass ich den Klassenlehrer kurzerhand beiseiteschubste und so in die Klasse gelangte. Ich stellte mich vor den Kindern hin und sagte, dass sofort diejenigen nach vorne kommen sollen, die mein Klöppschen geschlagen hatten. Nachdem vier Kinder vor mir standen, forderte ich Klöppschen auf, diesen jeweils einen kräftigen Schlag zu versetzen, damit sie ‚och' mal wissen, wie sich dies anfühlt. Offensichtlich wollten sich die Kinder dies nicht gefallen lassen und es kam zu einer wüsten Rangelei, wobei auch ich einige Hiebe abbekam. Eine weitere Lehrerin, die der Klassenlehrer zu Hilfe gerufen hatte, kam hinzu, und weil sie sich einmischte, streckte ich sie mit einem Schlag ins Gesicht zu Boden. Danach verließ ich mit meinem Sohn hastig die Schule und bin gleich hierher gekommen, weil ich mir denken kann, dass die mich anzeigen werden. So zeige ich mich lieber gleich selbst an!"

Während dieser umfangreichen, bildhaften Schilderung von Selbstjustiz vergoss Frau Klopps etliche Tränen und war von PKin M. und mir nur schwer zu beruhigen. Klöppschen hatte den Worten seiner Mutter nur kurz, ebenfalls tränenreich, hinzugefügt: „Die hau'n mich ja jeden Tag, ich bin ja schon dran gewöhnt, es tut schon gar nicht mehr weh, aber heute war es besonders schlimm!"

PKin M., selbst Mutter eines Sohnes und überaus erfahren im Umgang mit dem Neuköllner Klientel, wurde offensichtlich von ihren Gefühlen für den 11-Jährigen mitgerissen, und so ich staunte nicht schlecht, als sie dem Gespräch plötzlich folgende Wendung gab: „Sagen Sie mal, Frau Klopps, wie lange wollen Sie denn Ihren Sohn noch so füttern? Soll der irgendwann mal platzen?" Mit diesen hehren Worten leitete sie zu ihrem Vorschlag über, sogleich eine Ernährungsberatung mit Frau Klopps durchzuführen. Diese war einverstanden und es entwickelte sich eine halbstündige Beratung über eine gesunde Nahrungsaufnahme: „Isst Ihr Sohn auch mal Obst und Gemüse?"

Antwort Frau Klopps: „Nee, det is doch allet so teuer!"

PKin M.: „Nur von Leberwurst und Schinken wird Ihr Klöppschen aber mit 14 Jahren 120 Kilo wiegen!"

Nach weiteren schlankheitsfördernden Tipps, wohlwollend von Mutter Klopps aufgenommen, war diese außergewöhnliche Gesundheitsberatung beendet. Übrigens,

die Anzeigen durch die betroffenen Lehrer und Schüler er-
folgten in der Tat einige Tage später. Klöppschen wurde
zwischenzeitig in eine andere Schule versetzt.

Unsere Arbeit an den Schulen

Gewalt an den Schulen

Zusammenarbeit von Schule und Polizei

Vor einigen Jahren war es praktisch undenkbar, dass die Polizei häufig in die Schulen gerufen wurde, um einen normalen Schulbetrieb zu gewährleisten. Dies sieht heute ganz und gar anders aus. Die bereits beschriebenen Gewalttätigkeiten von Jugendlichen machen leider auch vor den Toren der Schulen nicht halt. An fast allen Oberschulen des Bezirks Neukölln haben zwischenzeitig kräftige Männer diverser Sicherheitsunternehmen Stellung bezogen, um schulfremden Personen den Eintritt aufs Schulgelände zu verwehren bzw. ihnen nur nach Anmeldung übers Schulbüro Einlass zu gewähren. Dies reicht aber nur aus, um das bis dahin ständige Einwirken selbsternannter oder zur Unterstützung gerufener Gewalttäter zu unterbinden. Für die internen Streitereien, Schlägereien, Ehrverletzungen, Beleidigungen, Bedrohungen und vieles mehr sind wir Polizeibeamte als Strafverfolger, Schlichter, Berater und sogar als Unterrichtende in der Gewaltprävention mehr als gefragt. Zunächst schildere ich einige Beispiele aus dem ganz alltäglichen Schulalltag, wie er sich uns in erschreckender Deutlichkeit darstellt.

Vorab: Die Lehrer und Lehrerinnen, die Sozialarbeiter und die vielen weiteren Angestellten der Schulen geben sich faktisch immer größte Mühe, solche Situationen, wie ich sie gleich schildern werde, zu vermeiden oder diese selbst in Ordnung zu bringen. Sie haben aber in erster Linie einen Lehrauftrag und sind zweifelsohne damit absolut überlastet. Diesen Kindern und Jugendlichen wirksam entgegenzutreten, die ohne jegliche Erziehung durch ihre Eltern aufwachsen, teilweise bizarren Vorstellungen von Ehre anhängen und über ein erhebliches Gewalt- und Agressionspotenzial verfügen, ist nicht zu schaffen. Denkprozesse über einen gewaltlosen Umgang miteinander können nur durch das Zusammenwirken „aller" in Gang gesetzt werden, dies ist eine gesamtgesellschaftliche Aufgabe!

Zwei meiner Mitarbeiter und ich betreten die 8. Klasse einer Gemeinschaftsschule. In der Klasse sind zwölf Schülerinnen und Schüler anwesend, die unseren Morgengruß nur sporadisch erwidern. Unser Unterricht über Gewaltprävention beginnt mit der eindringlichen Bitte an zwei Schüler, ihre Mützen abzusetzen, an drei weitere, sich uns zuzuwenden und an eine Schülerin, den Kaugummi aus dem Mund zu entfernen. Jetzt kann es endlich losgehen. Während der nächsten zwei Stunden wollen zwei Schüler ohne jegliche Begründung mitten in der Schulstunde den Raum verlassen. Drei kommen im Halbstundentakt zu spät und werden von ihren Klassenkameraden wie Helden begrüßt. Auf unsere Fragen zu den unterschiedlichsten Themen bekommen wir in der Regel nur Satzfragmente oder Wortfetzen zu hören.

Übrigens verfügt die Klasse eigentlich über 24 Schüler und Schülerinnen, der Rest fehlt unentschuldigt oder kommt, wie beschrieben, zu spät. Diese selbstbestimmten „Freizeitintervalle" können weder meine Kollegen noch ich verstehen. Auf diesbezügliche Fragen antwortet die Klassenlehrerin resigniert: „Was soll ich machen? Meine Eintragungen ins Klassenbuch, Tadel oder ähnliche Maßnahmen greifen nicht, die werden weder von den Schülern noch von den Eltern ernst genommen, falls sie dort überhaupt ankommen und verstanden werden!" Trotzdem gaben auch hier die Schulverantwortlichen nicht auf. Der Rektor stellt sich tatsächlich jeden Morgen zwischen dreiviertel acht bis halb neun Uhr vor dem Schuleingang seiner Schule auf und begrüßt jeden einzelnen Schüler bzw. Schülerin persönlich und mit Handschlag. So können die, die zu spät kommen, gleich dementsprechend empfangen und für die Zukunft „eingenordet" werden. Einzelnen ist dieses Verfahren tatsächlich peinlich und so kommt es zu ersten merkbaren Erfolgen.

Schulen in unserem Polizeiabschnitt

Hier einige bezeichnende Erlebnisse aus der einen oder anderen Schule in unserem Polizeiabschnittsbereich:

In der 7. Klasse kommt es zu einigen harmlosen Schubsereien untereinander. Davon betroffen ist auch ein Mädchen mit arabischem Migrationshintergrund. Von zwei „gutmeinenden" Mitschülern wird der große Bruder des Mädchens aus der 9. Klasse mit den Worten „Deine Schwester wird zusammengeschlagen!" alarmiert. Wie ein wilder Stier rennt dieser ohne vorherige weitere Klärung des Sachverhalts zur 7. Klasse, schubst den Lehrer rabiat zur Seite und brüllt: „Welcher Hurensohn war das?" Mit viel Mühe wird er von fünf Mitschülern festgehalten, die damit Schlimmeres verhindern. Die hinzugerufene Rektorin erteilt ihm zunächst für drei Tage Unterrichtsverbot. Dies hält ihn nicht davon ab, sich drohend mit den Worten „Ich nehme das mit meiner Schwester in meine Hand!" zu verabschieden.

Zwei Stunden später erscheint der Vater dieses selbsterklärten Rächers gemeinsam mit einem Cousin in der Schule und verlangt lautstark eine Erklärung. Nach einer langen Diskussion, wobei der Vater immer wieder erklärt, dass sein Sohn richtig gehandelt habe und der Lehrer die

Schuld an der ganzen Sache trage, verlangt er plötzlich ultimativ, dass der Lehrer eine Entschuldigung seines Sohnes annehmen soll. Auch solle dieser seine Strafanzeige wegen Nötigung bei der Polizei zurückziehen. Als dieser nicht darauf eingeht, verlässt er wütend und laut auf Arabisch schimpfend das Schulgebäude.

Gemeinsam mit meiner zuständigen Sachbearbeiterin für diese Schule suchen wir den Vater zu Hause auf, um weitere Repressalien durch ihn zu unterbinden. Uns gegenüber verhalten sich der Sohn wie auch sein Vater erstaunlicherweise sehr höflich. Allerdings kommen wir nach einem ausführlichen, gemeinsamen Gespräch zu folgender Erkenntnis: Der Vater, basierend auf seiner eigenen Erziehung im Libanon, hat elementar andere Vorstellungen von Erziehungsstil und Aufgaben eines Lehrers als wir in Deutschland. So lautet eine seiner Ansichten: „Die Kinder sollen mit Angst erzogen werden, sie müssen Angst vor den Lehrern und auch vor mir, dem Vater, haben. Züchtigung gehört selbstverständlich dazu!"

Hier möchte ich unbedingt auf den § 1631, Abs. 2 des Bürgerlichen Gesetzbuches (BGB) hinweisen, in dem es heißt: „Kinder haben ein Recht auf gewaltfreie Erziehung. Körperliche Bestrafungen, seelische Verletzungen und andere entwürdigende Maßnahmen sind unzulässig."

Mädchengewalt

Die gleiche Schule, ein anderer, kaum glaubbarer Vorfall. Zwei Mädchen betreten fast pünktlich, also 15 Minuten nach 8:00 Uhr, die Klasse 9a. Ohne sich groß um den Lehrer zu kümmern, setzen sie sich auf zwei freie Stühle in der letzten Reihe. Der Lehrer schaut zunächst verblüfft drein, da er die beiden bisher nicht zu seiner Klassengemeinschaft zählte. Auf seine Frage, wer sie denn seien und was sie in dieser Klasse wollten, antwortet eine mit überheblicher Stimme: „Wir wollen hier zur Schule gehen, wir haben uns hier eingeschult, hast du was dagegen?"

Zunächst denkt er, dass es sich um einen Irrtum der Mädchen handeln muss und dass sie sich in ihrer Wortwahl versehentlich etwas vergriffen haben. Er begibt sich also zum Rektor und bittet um Aufklärung. Aber auch er kann nicht helfen, im Gegenteil, er ist genauso perplex. Gemeinsam begeben sie sich in die Klasse und bitten die Mädchen in das Sekretariat. Widerwillig folgen sie und beginnen schon auf dem Flur, den Lehrer lautstark mit unflätigen Ausdrücken zu betiteln. Im Sekretariat angekommen, versucht der Rektor erfolglos, die Namen der Mädchen zu erfahren. Ohne jegliche Hemmungen beginnen beide, Schulhefte und andere wichtige Schriftstücke vom Tisch zu ergreifen und durch den Raum zu werfen. Eine nimmt sogar einen Kugelschreiber und malt krakelnd auf an der Wand hängenden Bildern herum.

Völlig konsterniert und ohne die geringsten Möglichkeiten, diese wildgewordenen „Gören" zu stoppen, werden meine Polizeikollegen gerufen. Auch deren Eintreffen wirkt nicht annähernd beruhigend. Es kommt zu unzähligen, nicht salonfähigen und vulgärsten Beleidigungen. Bei dem Versuch, diese rüpelhaften Wesen aus dem Lehrerzimmer zum Funkwagen zu bringen, schlägt eine dem Kollegen mit der Faust gegen die Brust. Die andere versucht linkisch, der Polizistin in die Hand zu beißen. Erst nachdem weitere Kollegen und ich hinzukommen, beruhigen sie sich ein wenig. Mein Erstaunen über diese grell überschminkten, total aufgetakelten und rotzfrechen Mädchen ist so groß, dass mir zunächst die Worte fehlen. Nach und nach ergeben dann unsere Ermittlungen, dass sie sich selbst eine Schule suchen wollten, da ihnen ihre alte Schule in Lichtenberg, aus welchen Gründen auch immer, nicht genehm war. Obwohl sie fest der Meinung waren, dass sie selbst entscheiden könnten, wo und wie sie lernen, endete dieser „Ausflug" da, wo er begonnen hatte: in ihrer alten Schule! Eine Lehrerin hat mir übrigens wenig später zugeflüstert, dass die Kollegenschaft dort nicht sehr glücklich über die Rückführung dieser zwei „Aushängeschilder" junger Weiblichkeit waren.

Übrigens beschreibt diese Episode keinen Einzelfall. In der Tat gibt es erstaunlicherweise einen Trend, der bei der Bearbeitung von Jugendgewalt hervorsticht. Mädchen fallen mittlerweile immer häufiger bei Delikten auf, die früher fast ausschließlich Jungen zuzuordnen waren. Da wird gemobbt, beleidigt, bedroht und zugeschlagen, dass sich einem der Magen umdreht. Auch hier sind die Anlässe meist Nichtigkeiten.

Da wird einer 14-Jährigen über drei Ecken zugetragen, dass sich auf *Facebook* ein Vermerk findet, wonach sie angeblich nicht mehr mit einem bestimmten Jungen aus ihrer Klasse zusammen sei. Gleichzeitig wird dafür eine Mitschülerin verantwortlich gemacht, ohne dass es dafür den geringsten Grund oder Beweis gibt. Das nimmt die 14-jährige Pubertierende zum Anlass, diesen Ehrverlust (so die eigene Angabe) massiv zu rächen. Gemeinsam mit vier Gleichgesinnten lauert sie der Ahnungslosen auf dem Nachhauseweg auf. Nun folgt eine fast einstündige Tortur. Sie muss in einen Park mitkommen, wird dort mehrmals geschlagen, an den Haaren gezogen und muss sich abschließend das Geschlechtsteil eines bereitwillig mitmachenden Jungen anschauen. Dazu wird sie festgehalten und es wird ihr sogar unter Androhung von Faustschlägen verboten, die Augen zu schließen.

Schlimme Gewaltausbrüche und das Wort „Ehre"

Immer wieder höre ich im Zusammenhang mit schlimms-
ten Gewaltausbrüchen das Wort *Ehre*, das bei einigen offensichtlich alles bedeutet und alles entschuldigt – ich kann es
nicht mehr hören. Von Respekt gegenüber ihren Mitmenschen haben diese so „Ehrenhaften" offensichtlich nie etwas vernommen, er bedeutet ihnen nichts!

Hier die Aussage einer Lehrerin mir gegenüber anlässlich einer Klassenkonferenz, auf der der mögliche Schul-
wechsel eines Schülers nach mehreren von ihm begange-
nen Gewalttaten thematisiert wurde. Sie beklagte sich
darüber, dass es in ihrer 9. Klasse bei einigen Mädchen
nicht darum geht, den Lehrstoff zu verarbeiten, sondern
dass Heiratsfragen im Vordergrund stehen. Sie führte weiterhin aus, dass einige ihrer Schülerinnen keinerlei Interesse am Lernen haben und dies auch freimütig äußern.
Für diese Mädchen steht fest, dass sie unmittelbar nach
Verlassen der Schule versuchen werden, so schnell wie
möglich zu heiraten, um in der Zukunft versorgt zu sein.
Dazu werden dann in den Schulstunden immer wieder
entsprechende Fragen angesprochen, während der eigentliche Lernstoff auf Desinteresse stößt.

Passend dazu folgender Sachverhalt: Eine Schülerin
verlässt gemeinsam mit ihren Mitschülern die Schule und
begibt sich auf den Weg nach Hause. Auf dem Hermannplatz bemerkt sie ihren Ehemann, mit dem sie bereits seit
einem Jahr nach islamischem Recht verheiratet ist (laut der
deutschen Behörden ist sie ledig). Er sieht, dass sie sich mit
dem Mitschüler H. aus ihrer Klasse unterhält, und reagiert
eifersüchtig. Am nächsten Tag erscheint der Onkel des
Ehemanns in der Schule und will den Schüler H. zur
Rede stellen. Gerade noch rechtzeitig erfährt der Schuldirektor davon und gemeinsam mit meiner Kollegin von der

Polizei wird die Situation entschärft. Dem Onkel sowie dem später hinzugerufenen Ehemann wird klargemacht, dass es, bei allem Respekt vor einer muslimisch geprägten Familie, als normal angesehen werden muss, dass die Ehefrau übliche soziale Kontakte mit ihren Mitschülern pflegt. Zusätzlich wurde der Ehemann aufgefordert, sein von ihm ausgesprochenes Verbot des Schulbesuchs durch seine schulpflichtige Ehefrau aufzuheben.

Beispiele wie dieses könnte ich beliebig fortsetzen, da praktisch keine Woche vergeht, ohne dass wir als Polizei in eine unserer Neuköllner Schulen gerufen werden, um dort Straftaten aufzunehmen oder Konfliktgespräche zu führen. Dies geschieht, obwohl es bereits Streitschlichter, Konfliktlotsen, Sozialarbeiter, Sprachmittler und andere Menschen gibt, die hauptsächlich der Eindämmung von Gewalt und der sonstigen Erziehung dienen und sich auch bemühen, diesen Zielen gerecht zu werden. Gleichzeitig muss man feststellen, dass die repressive Arbeit der Polizei im Neuköllner Kiez mit seinen vielfältigen sozialen Problemen, seiner hohen Kriminalität und Arbeitslosigkeit und einem überproportionalen Ausländeranteil an ihre Grenzen stößt.

So wird die Polizei gerade in den letzten Jahren zusätzlich verstärkt präventiv, also vorbeugend, tätig. Dies wird belegt durch eine Vielzahl von Präventionsveranstaltungen, wie z. B. beim Opferschutz, bei Vorträgen über häusliche/ sexuelle Gewalt, der gesamten Palette der Verkehrssicherheitsberatungen und den Anti-Gewalt-Veranstaltungen in den Schulen. Obwohl es zwischenzeitig gängige Praxis ist, mindestens einmal im Schuljahr in jeder Klasse eine mehrstündige Anti-Gewalt-Veranstaltung mit jeweils zwei Präventionsbeamten unseres Polizeiabschnitts durchzuführen, reicht dies nicht aus.

Unser Präventionsbeamte Norbert wird überdies sofort dann tätig, wenn er Kenntnis über einen Gewaltvorgang erhält. Wenn es also in der Schule zu einem solchen Vorfall kommt, lässt er sich den Sachverhalt schildern und begibt sich in die betroffene Klasse. Dort arbeitet er diesen Vorfall auf, ohne Kenntnis über den Täter. Gemeinsam beschäftigt man sich eingehend mit dem Thema und Norbert macht der Klassengemeinschaft deutlich, wie man in Zukunft solche Konflikte vermeiden kann. Erstaunt stellt er dabei immer wieder fest, welche Unkenntnis über Straftaten und ihre strafrechtlichen Folgen besteht. Auch werden die Gefühle der Opfer meist völlig von den Schülern ausgeblendet bzw. erst dann richtig bedacht, wenn konkrete Beispiele vorgestellt werden.

Ein Beispiel ist das immer wieder vorkommende *Cyber-Mobbing*. Darunter versteht man das absichtliche Bloßstellen, Beleidigen, Bedrohen oder Belästigen anderer mit Hilfe moderner Kommunikationsmittel. Im konkreten Fall kommt es zu einer Schlägerei auf dem Schulhof und ein Schüler zückt sein Handy, um genussvoll das Leiden des Opfers zu filmen. An's Hilfeholen denkt er hingegen nicht, im Gegenteil, er will sein filmisches Werk ins Internet stellen, um den Verletzten zusätzlich der Lächerlichkeit preiszugeben. Glücklicherweise kommt ein Lehrer dazu und stellt das Handy sicher. Als der Präventionsbeamte Norbert kurz darauf mit dem verhinderten Filmemacher spricht und ihm klarmacht, dass er das Handy als Tatmittel einziehen muss, ist zunächst nur der Verlust des Handys ein Thema, an das Opfer denkt er keine Sekunde. Völlige Gefühlskälte, ohne Mitleid oder Mitgefühl und unfähig, sich in die Lage des Opfers zu versetzen – dies stellen wir immer wieder fest, wenn wir auf solche Burschen treffen.

Nach und nach wird dem „Filmer" bewusst gemacht, welches Leid er dem Verletzten zufügt, wenn dieser sich im Internet erkennen würde. Aber erst als Norbert ihn sich selbst in die Rolle des Opfers hineinversetzen lässt, erkennt dieser die Problematik und versichert, nun offenkundig betroffen, daran überhaupt nicht gedacht zu haben.

Um rechtzeitig Hilfestellungen in allen Fragen des gedeihlichen Zusammenlebens untereinander zu gewährleisten, wurde zusätzlich eine beratende „Sprechstunde" in einer Schule (alle 14 Tage einmal eine Stunde) durch eine Kollegin meiner Dienstgruppe eingeführt. Außerdem nehmen einzelne Mitarbeiter oder ich selbst immer häufiger an Klassen- oder Schulkonferenzen teil. Als überaus wichtig haben sich auch die Vernetzung und die vertrauensvolle Zusammenarbeit mit anderen Behörden, wie den Jugendämtern, den Quartiersmanagements und vielen anderen Einrichtungen, erwiesen. Eine Grundvoraussetzung für eine erfolgreiche Präventionsarbeit!

So war es auch nicht verwunderlich, dass ich Fadi Saad anrief, nachdem ich einige der bereits beschriebenen, doch sehr gewöhnungsbedürftigen Unterrichtseinheiten mit Präventionsbeamten erleben durfte. Ich machte ihm den Vorschlag, doch mal aus seiner Sicht den Schülern und Schülerinnen zu schildern, wie Schule und somit Lernen funktionieren könnte, da er meiner Meinung nach schon aufgrund seines geringen Alters und seiner Vita geradezu prädestiniert sei, bei den Schüler/-innen eine erhöhte Aufmerksamkeit zu erreichen. Er war sofort hellauf begeistert und nachdem auch der Schuldirektor zugestimmt hatte, kam es zu einer dreistündigen, eindrucksvollen Begegnung zwischen Fadi Saad, den Schülern dreier Klassen, zwei Polizeibeamten und vier Lehrern.

Von Schulschwänzern und Suspendierten

Schulschwänzen, ein Teufelskreis

Eine weitere Problematik, die eng mit der Gewalt von Jugendlichen einen Teufelskreis bildet, ist das Schulschwänzen. Nicht erst durch die Studie „Jugendliche als Opfer und Täter von Gewalt in Berlin", initiiert durch das Kriminologische Forschungsinstitut Niedersachsen e.V., stellten wir als Praktiker vor Ort fest, dass es einen engen Zusammenhang zwischen beiden Problemstellungen gibt.

Dazu führen wir bereits seit einigen Jahren Streifen durch, die dieses Phänomen folgendermaßen bekämpfen: Der blau-weiße Gruppenwagen des Polizeiabschnittes 54 fährt langsam über den Karl-Marx-Platz. Eine sogenannte Spielhalle ist Ziel der vierköpfigen Besatzung. Schon beim Vorbeifahren stellen wir fest, dass diese Spielstätte bereits vormittags um 10:30 Uhr berstend voll ist. Schlagartig betreten wir den in viele einzelne Computerspielzellen unterteilten Raum und beginnen mit der Überprüfung der Spielsüchtigen. Einige sind so ins Spiel vertieft, dass sie unser Kommen gar nicht bemerkt haben. Wir selbst sind aber auch mehr als überrascht. Es stellt sich nämlich schnell heraus, dass von den 16 anwesenden Akteuren elf eigentlich auf ihrem Hosenboden in der Schule sitzen müssten.

Mit unwilligen Gesten und ausdruckslosen Gesichtern begleiten sie uns zum Gruppenwagen. Auf unsere Fragen nach ihrem Schulbesuch und Ähnlichem erhalten wir Antworten wie: „Seit 10:30 Uhr Schulschluss", „verschlafen", „Ausflug" und so weiter. Zwei von den fast ausschließlich mit dem Spiel „Counter Strike" (ein taktisch geprägtes Kampfspiel, in dem es darum geht, möglichst viele „Terroristen" zu erschießen) beschäftigte Jungen zeigten uns sogar Entschuldigungszettel, ausgestellt von ihrer Schule. In diesen stand zum einen, dass sie wegen ständigen Störens des Unterrichts 14 Tage vom Unterricht ausgeschlossen oder zum anderen wegen Zerstörung wichtiger Arbeitsmittel eine Woche vom Schulbesuch befreit seien.

Eine für uns zunächst kaum glaubhafte, später aber bestätigte Verfahrensweise, die die Schulen selbst als Ausdruck ihrer eigenen Hilflosigkeit einräumten. Bei den nun folgenden Überprüfungen der Personalien der Jungen konnten uns die Ergebnisse nicht mehr sonderlich überraschen. Tatsächlich haben alle elf Jungen bereits in der Vergangenheit Gewalttaten wie Körperverletzungen und Raubtaten begangen. Sie werden nun von uns ihren zuständigen Schulen zugeführt und direkt bei der Schulleitung abgegeben. Diese Aktion kommt bei den Schulleitern fast überall ausgesprochen gut an. Aufgrund des Auftretens der teilweise lässig zur Schau getragenen Mimik und eigenen Aussagen treffen wir abschließend etwas ketzerisch folgende Feststellungen: Der fleißige Schulgänger wird gleich zweimal „angeschmiert", er muss in der Schule sitzen, büffeln und wird auf dem Nachhauseweg von diesen Spielverrückten ausgeraubt, weil diese neues Geld für ihre Sucht benötigen. Eine geradezu verrückte Situation, aber in vielen Fällen eine Tatsache. Nicht nur aus diesen Gründen ist es dringend geboten, Schulschwänzen mit allen gebotenen Mitteln zu begegnen. Auch, wie ich meine, mit der Kürzung staatlicher Mittel bei den Eltern, die sich der Lösung dieser Problematik bewusst entziehen.

Wer die Schule schwänzt, ist der „King"

Karlheinz Gaertner hat eben den Zusammenhang zwischen Schulschwänzen und Jugendgewalt dargestellt. Dass Karlheinz die Schüler in der Spielhalle aufsucht und in die Schule bringt, ist bewundernswert, aber leider nicht der Regelfall.

Wie ist es aber möglich, dass ein Schüler der Schule fernbleibt und niemand etwas dagegen machen kann? Wo verbringt ein Schüler die Zeit, bis er offiziell Schulschluss hat? Haben sie keine Angst, erwischt zu werden? Und was bringt eigentlich einen Schüler dazu, die Schule zu schwänzen? Dieses kann verschiedene Gründe haben. Vielleicht ist er ja im Unterricht nur unterfordert, oder vielleicht überfordert? Vielleicht hat er die falschen Freunde? Vielleicht bekommt er nicht die nötige Aufmerksamkeit? Eines ist jedenfalls sicher, er wird auf der Straße als „King" gefeiert. Was mir zeigt, dass es dem Schüler an Wertschätzung und Anerkennung fehlt. Da er im Schulunterricht nicht mit guten Noten punkten kann, holt er sich dieses Gefühl von der Straße.

Ich kann mich noch gut an meine eigene Schulzeit erinnern. Mit dem Übergang in die achte Klasse verlor auch ich immer mehr die Lust auf Schule. Ich begann, mich der Situation an meiner Schule anzupassen. Was sollte ich auch sonst tun? So richtig im Unterricht mitzumachen war in der Klasse nicht mehr möglich. Ich hatte kaum noch Mitschüler, die wirklich Interesse am Unterricht hatten. Wir sind mitten im Unterricht raus, sind einfach gegangen. Der Lehrer konnte nichts dagegen machen.

Ich kann mich aber auch an meinen ersten Schwänztag erinnern. Ich bin in der ersten Pause aus der Schule raus und nicht mehr zurück. Gemeinsam mit Mitschülern aus meiner und aus anderen Schulen machten wir uns auf den Weg zur Parkanlage hinter der Schule. Ich hatte große Angst. Angst davor, erwischt zu werden. Aber von wem? Die Lehrer suchten uns nicht. Angst aber vielleicht vor meinen Eltern, die hier vorbeikommen könnten. Ich war froh, als es 13:30 Uhr war und ich nach Hause gehen konnte. Ich betrat die Wohnung und tat so, als wenn nichts wäre. Ich wartete darauf, von meinen Eltern angesprochen zu werden, aber es kam nichts. Ich fragte meine kleinen Geschwister: „Hat jemand von der Schule angerufen?" Sie sagten mir: „Nein, es hat niemand angerufen." Am nächsten Tag traf ich bereits die Schüler vom Vortag vor der Schule. Natürlich ging ich nicht in meine Schule rein, sondern machte mich mit den tollen Jungs auf den Weg. Wir trafen andere und wieder andere, die auch schwänzten.

Anders als im Beispiel von Karlheinz gab es zu meiner Zeit kaum Spielcasinos, in die wir reinkonnten. Damals gab es sie noch nicht an jeder Ecke. Um die Zeit totzuschlagen und um nicht im Kalten zu warten, suchten wir die großen Kaufhäuser auf. Im Wertheim oder im KaDeWe angekommen, gingen wir stur auf die Rolltreppe zu und fuhren hoch zur Spieleabteilung. Irgendwie befindet sich diese Abteilung immer im obersten Stockwerk. Oben angekommen, öffneten sich Welten für uns, die wir so nicht kannten. Hier konnten wir die neuesten Spielkonsolen mit den neuesten Spielen ausprobieren. Das Ausprobieren zog sich in der Regel von 10:00 bis 13:00 Uhr hin. Irgendwann wurden wir gebeten, auch andere Kinder ranzulassen. Wenn uns die Kaufhäuser nicht weiterschickten, taten es die Mitarbeiter der Verkehrsgesellschaft auf den Bahnhöfen. Irgendwie war das schon alles komisch, denn eigentlich wollte uns niemand haben.

Es war eine sehr aufregende Zeit. Jetzt fragt sich doch sicher der eine oder andere: „Und wo waren die Eltern, was haben sie dagegen gemacht?" Aber genau das ist das eigentliche Problem. Wissen denn die Eltern wirklich immer, wo ihre Kinder sind? Meine Eltern gingen davon aus, dass ich brav in der Schule sitze und lerne. Warum sollten sie auch etwas anderes glauben? Heute frage ich mich, bei wem liegt denn eigentlich, in der Schulzeit, die Aufsichtspflicht? Hätte die Schule nicht meine Eltern umgehend über mein Fehlen informieren müssen?

Sie tat es auch. Aber erst drei Wochen später. Von da an haben meine Eltern alles versucht, von Meckern bis hin zu Strafen. Genau das aber ist ja das Seltsame daran. Durch das Schwänzen bekam ich jetzt auch ganz neue und andere Aufmerksamkeit von meinen Eltern. Irgendwie fingen jetzt alle an, sich um mich zu kümmern. Doch die Schulen hatten damals nicht die vielen Möglichkeiten wie die heutigen Schulen. Sie hatten keine Sozialarbeiter und auch keine Schulstation oder Schulinsel. Schon gar nicht irgendwelche Kooperationen mit Migrantenvereinen, die zum Übersetzen hinzugezogen werden konnten.

Wenn also ein Elternteil zum Gespräch in die Schule kommen sollte, habe ich meine Mutter mitgenommen, da mein Vater auf Arbeit war. So musste ich übersetzen. Und natürlich habe ich dann auch nur das übersetzt, was ich übersetzen wollte. Wenn der Lehrer zum Beispiel meine Schulversäumnisse erwähnte, übersetzte ich: „Der Lehrer sagt, dass die eine Lehrerin immer noch krank ist." Darauf machte meine Mutter ein bedrücktes Gesicht und schüttelte den Kopf. Letztendlich hat meine Mutter aber wieder nichts erfahren und konnte meinem Vater deshalb auch nichts weitererzählen. Wenn dann am Ende des Schuljahres die Zeugnisse kamen, regte sich mein Vater darüber auf. Es wurde ein Gespräch mit mir geführt, sprich, es gab Ärger und ich versprach, dass ich in Zukunft regelmäßig zur Schule gehen werde – somit war alles für den Moment geklärt.

Die Schule lässt mich nicht in den Unterricht

Ein Alptraum für jeden Elternteil. Stellen Sie sich vor, Sie bekommen auf der Arbeit einen Anruf von der Schule ihres Kindes: „Frau Minas, wir möchten Sie darauf hinweisen, dass ihr Sohn in der Schule aufgefallen ist und für zwei Wochen vom Unterricht suspendiert wird." Das ist natürlich nicht die Art von Kontakt, den man sich mit der Schule wünscht. Aber findet auch ein anderer statt? Natürlich sagt man sich zumeist, bei manchen Themen ist „keine Nachricht" eine gute Nachricht. Aber ich denke, eine gute ist besser als keine oder eine schlechte Nachricht. Das Problem fängt doch jetzt erst an. Was machen Sie nun als Elternteil mit Ihrem Sohn? Ich kenne kein Elternteil, welcher sein Kind so erzieht, dass es von der Schule suspendiert wird. Dazu möchte ich Ihnen einen Fall beschreiben, der die Seite der Eltern wiedergibt.

Murhan ist der zweitälteste Sohn von insgesamt fünf Söhnen der Familie Fimmou. Er besucht die neunte Klasse einer Berliner Hauptschule und ist ein sehr ruhiger, hilfsbereiter und kluger Schüler. Das Arbeiten mit ihm und seiner Familie war angenehm. Eines Tages kam der Vater zu mir und bat mich um Hilfe. Ich hörte mir seine Geschichte an und musste lachen. Ich sagte ihm, dass er nicht der Einzige sei, dem so etwas widerfährt. Er war allerdings sehr aufgebracht und erzählte mir alles.

„Vor einem Jahr hatte mein Sohn eine Phase durchlaufen", sagte der Vater, „die mich und die gesamte Familie sehr viel Energie gekostet hat. Mein Sohn Murhan hielt es für nötiger, mit seinen Freunden die Schule zu schwänzen, statt sie fleißig zu besuchen. Erst mit sehr viel Mühen und der engen Zusammenarbeit mit der Schule gelang es uns, ihn wieder in die Schule zu bekommen. Seine Schule machte uns den Vorschlag, die Schule zu wechseln, da er hier wenig Chancen hätte. Wir nahmen den Vorschlag an und suchten uns eine Schule aus, die etwas weiter weg ist, in der Hoffnung, dass er dort keine Stress-Macher oder Schulschwänzer kennen lernt.

In der neuen Schule hatte er eigentlich einen guten Start. Aber irgendwie lernte er schnell die schlechtesten

Schüler der Schule kennen und das Theater ging von vorne los. Es dauerte nicht lange und die ersten Beschwerden waren nach Schulschluss noch vor meinem Sohn zu Hause. Er sollte ein Praktikum in einem Seniorenheim absolvieren, um mal Einblick in die soziale Arbeit zu erhalten. Murhan aber wollte nicht in das Seniorenheim, was sollte ich machen? Die Schule wollte auch keine andere Praktikumsstelle akzeptieren. Also weigerte er sich, daran teilzunehmen. Das waren die ersten Probleme und Gründe, warum er der Schule fernblieb. Bei einem Ausflug mit der Klasse verhielt sich mein Sohn so schlecht, dass er für eine Woche vom Unterricht suspendiert wurde. Statt dass er jetzt traurig darüber war, sah er das Ganze als ‚Jackpot‘ an. Denn jetzt konnte er fehlen, ohne dass ich ihn in die Schule zwingen konnte. Aber die Schule fand an dieser Möglichkeit der Bestrafung Gefallen und bei jeder Kleinigkeit wurde er vom Unterricht suspendiert.“

Der Vater steigerte sich immer mehr in die Geschichte hinein. Er schilderte sie sehr emotional, es war ihm anzusehen, wie nah ihm das Geschehen ging und wie fertig er war. „Ich verstehe das nicht, es gibt doch eine Schulpflicht in Deutschland, warum werden wir Eltern dafür bestraft, wenn unsere Kinder nicht zur Schule gehen? Wenn die Schule ihn aber nicht in den Unterricht lässt, müssen wir Eltern es so hinnehmen! Seine kleineren Geschwister lassen sich von Murhan runterziehen. Wie viele Kinder kommen auch meine Kinder morgens schwer hoch und jetzt, wo Murhan zu Hause ausschlafen kann, kommen seine Geschwister noch weniger aus dem Bett. Im Gegenteil, sie beschweren sich, dass Murhan weiterschlafen kann.“ Der Vater gab aber nicht auf und versuchte es immer wieder von Neuem, bis er schließlich gewann.

Seine Geschichte erinnert mich an das Brettspiel „Mensch ärgere dich nicht". Jeder kennt dieses Spiel und wird das Gefühl vielleicht so am besten verstehen. Beim Spiel geht es ja darum, erst einmal eine Sechs zu würfeln, um überhaupt ins Spiel zu kommen (also aus dem Haus zu kommen), und dabei gibt man sein Bestes. Man schüttelt, küsst, pustet und spricht sogar mit den Würfeln. Dann sollte man zusehen, so schnell wie möglich ans Ziel zu kommen und all das möglichst, ohne rausgeworfen zu werden. Herr Fimmou (Murhans Vater) hat in der Erziehung seiner Kinder sein Bestes gegeben, um sie aus dem Haus zu lassen, damit sie ihren Weg machen und zu ihren Zielen finden können. Dabei hat er alles versucht, er sprach mit ihnen, hat sie mal „geschüttelt", ihnen die Leviten gepustet und mal einen väterlichen Kuss gegeben. Natürlich hoffte er, dass seine Kinder ihr Ziel erreichen, ohne rauszufliegen.

Aber genau wie beim Spiel: Immer wenn der Vater glaubte, er sei kurz vor dem Ziel, wurde er wieder rausgeschmissen und musste von vorne anfangen. Natürlich war ganz wichtig dabei, sich nicht zu ärgern. Aber es gibt auch Eltern, die bei einer Suspendierung ihrer Kinder ganz anders reagieren als Herr Fimmou.

Eltern fliegen aus der Schule

Aus den Schulen höre ich, dass die Eltern dann zur Schule eilen, wenn sie mit der Suspendierung ihres Sohnes nicht einverstanden sind. Das Gespräch mit der Schule schaukelt sich dann teilweise so hoch, dass die Schule die Polizei alarmieren muss, da die Eltern und die mitgekommenen Familienmitglieder nicht zu beruhigen sind. Sie beschimpfen und drohen der Schulleitung und den Lehrkräften massiv. Das ist natürlich eine Möglichkeit, aber ohne Frage die völlig falsche.

Von diesen Ausrastern der Eltern in den Schulen habe ich von Karlheinz Gaertner erfahren. Er schilderte mir kurz einen Fall, der sich an einer Schule in seinem Zuständigkeitsbereich ereignet hat. Er sagte mir, es gehe hier hauptsächlich um Vorfälle mit arabischen Familien und ob ich vielleicht mal zu einem gemeinsamen Gespräch mit der Schulleitung und ihm kommen könnte. Natürlich stimmte ich zu und schließlich kam es zu einem ersten gemeinsamen Treffen mit der Schulleitung, den Präventionsbeamten, Karlheinz und mir. Die Schulleiterin erzählte mir, was geschehen war. Ich sagte ihr, toll, dass die Eltern zur Schule kommen und das Gespräch suchen, doch leider auf eine falsche Weise. Jetzt brauchen wir ihnen nur noch das „Wie" zu zeigen. Denn es sind Eltern, für die die eigenen Kinder immer ihre kleinen und unschuldigen „Babys" bleiben, während der Schüler (ihr Kind) erwartet, dass seine Eltern sich für ihn einsetzen.

Mein Vater war einer von denen, die mir nicht immer geglaubt haben, sondern erst das Gespräch mit der Schule gesucht und anschließend mit mir geschimpft hat. Auch hatte ich meinem Vater meine Version der Ereignisse erzählt und die war nicht immer die richtige.

Die Schulleiterin wünschte sich das auch von den Eltern ihrer Schüler. Aber die Eltern müssen darauf vorbereitet werden. Genauso wie mit den Schülern eine gewaltfreie Kommunikation trainiert wird, muss dies auch mit einigen Eltern geschehen. Auch wenn sie nicht den mitteleuropäischen Werten entsprechen, müssen die mitgebrachten Werte der Eltern aus nichteuropäischen Ländern verstanden werden. Wenn ein arabischer Vater mit seinem Kind schimpft und es sogar schlägt, kann ich diesem Vater nicht unterstellen, dass er nicht der Erziehung seiner Kinder nachkommt. Richtig, es ist eine gewaltgetragene Erziehung und ich verabscheue sie auch, aber es ist erst mal eine. Ich baue genau darauf auf, dass das Verhalten des Kindes dem Vater nicht egal ist. Jetzt muss ich ihm aber auch andere, gewaltfreie Wege der Erziehung zeigen.

Wir tauschten uns in der Sitzung noch eine Weile aus und beschlossen, die Eltern arabischer Herkunft zu einer Abendveranstaltung einzuladen. Die gesamte Veranstaltung stand unter dem Motto: „Wie können wir, Schule und Elternhaus, gemeinsam die schulische, berufliche und gesellschaftliche Zukunft unserer Kinder gut gestalten?" Mit diesem Ziel sollte es möglich sein, die Eltern in die Schule zu bekommen. Dabei wurden die Eltern persönlich angeschrieben und zusätzlich telefonisch zur Veranstaltung eingeladen. Auch mein Onkel Abou Bilal Fayoumi wurde als Kulturvermittler eingeladen und ich konnte meinen Vortrag, falls nötig, auch in arabischer Sprache vortragen.

Wir einigten uns, dass nur wenige Lehrer anwesend sein sollten. Weiter einigten wir uns darauf, dass wir den Eltern nicht in einer belehrenden Art und Weise entgegentreten werden. Ich versicherte aber der Schulleiterin und Karlheinz Gaertner, dass ich die notwendigen bzw. beabsichtigten Themen ansprechen würde.

Der Abend kam und ich war sehr aufgeregt, da ich eine solche Veranstaltung mit so vielen arabischen Eltern noch nie gemacht hatte. Ich hatte an diesem Abend auch zwei Rollen zu spielen, einerseits war ich als Autor eines Buches eingeladen und andererseits als Moderator für ein schwieriges Gespräch. Für die erste Veranstaltung war die Aula gut besucht. Es kamen etwa 25 Elternteile – 24 Mütter und ein Vater.

Ich las einige Passagen aus meinem Buch „Der große Bruder von Neukölln" vor. Dabei ging es mir darum, die relevanten Themen für die Veranstaltung schon mal anzusprechen. Ich schilderte, wie ich aufgewachsen bin und wie meine Schulzeit war. Wie ich dann dennoch meine Ausbildung abgeschlossen habe. Die erste große Diskussion begann von selbst, als ich zur Problematik der Identitätsfindung von Kindern mit Migrationshintergrund gelesen hatte. Die Eltern bestätigten mir, dass sie diese auch bei ihren Kindern erleben. Zu Hause sprechen sie weder Deutsch noch die Sprache ihrer Eltern richtig. Sie wissen eigentlich nicht, wo sie hingehören. Sie werden von beiden Kulturen hin- und hergerissen und dann irgendwo mittendrin sich selbst überlassen. Da ist niemand, der sie wirklich versteht, und keiner, der nachvollziehen kann.

Als wir dann zum Hauptthema des Abends kamen, stellte ich die Frage an die Eltern: „Wie können wir es schaffen, dass eure Kinder erfolgreich mit einem Schulabschluss die Schule verlassen und nicht auf der Straße landen?" Die erste Antwort kam von einem Vater und wurde prompt von den Müttern bestätigt. Er sagte: „Damit unsere Kinder Erfolg haben, setzt das voraus, dass die Kommunikation zwischen Schule und Eltern stimmt." Ich war erleichtert und froh, dass dieser Kommentar von den Eltern kam und nicht von der Schule. Die Schulleiterin meldete sich blitzartig und begann, die Schule zu verteidigen. Dabei war jene Aussage des Vaters gar nicht als Angriff gegen sie und ihre Schule gemeint gewesen, dennoch kam die Schulleiterin in eine Verteidigungsposition. Den Eltern und den Polizeibeamten im Raum ging es nicht anders. Als von der Polizei das Thema häusliche Gewalt (gegenüber Kindern) angesprochen wurde, reagierten die Eltern sofort und bestritten, dass es dieses gibt.

So saßen wir zwei Stunden zusammen und aus meiner Sicht war es ein Riesenerfolg. Denn alle Beteiligten haben sich noch viel zu erzählen. Wir werden diese Veranstaltung fortführen und auch auf die anderen Kulturen ausweiten.

Der richtige Zugang zu den Eltern

Diese gemeinsame Veranstaltung mit den bereits durch Fadi erwähnten Akteuren hat im Nachhinein genau das gebracht, was ich mir von ihr versprochen hatte. Augenscheinlich hatten Fadi und sein Onkel genau den richtigen Zugang zu der versammelten Elternschaft. Immer dann, wenn die Rektorin der Schule oder ich auf bestimmte Regelverletzungen oder Disziplinlosigkeiten ihrer Kinder hinwiesen, bekam die Diskussion eine leicht aggressive Stimmung. Mir wurde unterschwellig sogar vorgeworfen, dass ich etwas gegen Ausländer hätte, obwohl ich keine Einzelfälle ansprach, sondern auf allgemeine Verstöße hinwies.

So blieb festzustellen, dass Fadi das Temperament und die unterschiedliche kulturelle Herkunft der arabisch geprägten Eltern zum Wohle des gegenseitigen Verstehens in ausgesprochen positive Bahnen lenkte. Diese Veranstaltung, die, wie schon erwähnt, bereits einige Monate zuvor in ähnlicher Form mit den Schülern abgehalten worden war, ist ein Weg, den man unbedingt weiterverfolgen sollte. Fadi und ich haben uns dies jedenfalls fest versprochen. Unser kleiner Beitrag zur praktischen Integration, zum besseren gegenseitigen Verstehen und letztendlich ein weiterer Teil der Prävention von Jugendgewalt.

Gewaltprävention

Gewaltprävention in der Schule

Die präventive Arbeit an den Schulen ist ohne Frage eine der wichtigsten Aspekte in der Gewaltprävention. Dabei wird auf den Begriff „Gewalt" eingegangen und verschiedene Situationen in Form von Rollenspielen nachgestellt. Dadurch soll vor allem das richtige Verhalten trainiert werden. In der Regel besucht ein Präventionsbeauftragter jede Klasse in seinem Zuständigkeitsbereich mindestens einmal pro Schuljahr.

Zum Verhaltenstraining gehört auch die Vermittlung der deeskalierenden Verhaltensweise. Wie verhalte ich mich, wenn ich provoziert werde? Mittlerweile finden zahlreiche Angebote an den Schulen statt und längst nicht mehr nur die der Polizei. Es sind Vereine, Träger und Sozialarbeiter, die den Schülern mit den verschiedensten Herangehensweisen das Thema näherbringen. Nicht zu glauben, was es alles gegen Gewalt gibt: Trommeln gegen Gewalt, Sport gegen Gewalt, Tanz gegen Gewalt und noch vieles mehr. Jedes zweite Konzept hat mittlerweile ein Modul zur Gewaltprävention.

Es kann nicht genug Angebote geben, doch leider sind viele von ihnen nicht miteinander vernetzt. So kocht jeder sein eigenes Süppchen. Ist ja auch verständlich, denn die Träger stehen in der Regel in Konkurrenz zueinander. Niemand will sein Geheimnis verraten oder bestehende Kontakte weitergeben. Auf dem Markt der Förderung herrscht eben ein harter Wettkampf.

Der Mete-Eksi-Preis

Die Gewaltprävention bietet eine große Palette an Möglichkeiten an. Meine Lieblingsprojekte sind die, die vor allem Jugendliche dazu anregen, sich mit Themen wie Zivilcourage, Jugendkriminalität, Respekt oder Toleranz auseinanderzusetzen. Ihnen werden außer dem Thema selbst keine weiteren Vorgaben gemacht und sie können das tun, was sie am besten können. Die einen entwickeln ein Theaterstück und die anderen einen coolen Rap. Am Ende gibt es noch eine tolle Anerkennung und Wertschätzung für ihre Leistungen. Projekte wie diese begeistern alle Schüler, doch das Traurige an der Geschichte ist, dass ein Großteil der Projekte in der Regel erst umgesetzt wird, wenn es an den Schulen bereits brennt. Dann frage ich mich, warum werden erst jetzt „präventive" Projekte gestartet? Meint Prävention nicht „vorbeugen"?

Wenn Projekte zur Gewaltprävention umgesetzt werden, ist eines der wichtigsten Ziele dabei, das Bewusstsein für Gewalt zu wecken. Die Schüler oder Jugendliche müssen sich mit diesem Thema auseinandersetzen. Auch hier gibt es Superbeispiele, die gezeigt haben, dass es möglich ist, Schüler und Schülerinnen gemeinsam stark gegen Gewalt und Diskriminierung zu machen.

2010 lernte ich den *Mete-Eksi-Preis* kennen und hatte die Ehre, bei der Preisverleihung die Laudatio zu halten. Der Mete-Eksi-Fonds wurde von der GEW Berlin (Gewerkschaft für Erziehung und Wissenschaft) und dem Türkischen Elternverein im Jahre 1992 gegründet. Der Fonds vergibt jährlich einen Preis in Höhe von 3000 Euro an Kinder, Jugendliche oder Jugendgruppen, die sich für ein friedliches, tolerantes und gleichberechtigtes Zusammenleben aller Jugendlichen in Berlin einsetzen.

Es ist einfach unvorstellbar, wie viele Schüler und Jugendliche mit einem Einsatz von nur 3000 Euro erreicht werden können, wie sie für einen solchen Preis trainieren, sich mit dem Thema auseinandersetzen und sich bewerben. Deshalb auch an dieser Stelle einen großen Dank an die Lehrer und Sozialarbeiter für ihre Unterstützung!

Aber auch ein weiteres Projekt möchte ich an dieser Stelle gerne erwähnen und spreche auch hierzu den Schülern meinen Respekt aus. Es ist das Projekt „Schule ohne Rassismus – Schule mit Courage". Eigentlich sollte es eine Selbstverständlichkeit sein, dass eine Schule gegen Rassismus und Diskriminierung ist. Dieses Projektz aber geht weit darüber hinaus. Mit ihm kann man zwar kein Preisgeld gewinnen, aber man kann sich einen Titel verdienen. Um diesen Titel zu erhalten, müssen sich mindestens 70 Prozent aller Personen einer Schule dazu verpflichten, sich künftig gegen jede Form von Gewalt und Rassismus zu wenden. Weiter verpflichten sie sich dazu, sich gegen jede Form von Diskriminierung an ihrer Schule aktiv einzusetzen und bei Konflikten einzugreifen.

„Das Schwein ist von der Polizei"

Gemeinsam mit zwei Präventionsbeauftragten des Polizeiabschnitts machten wir uns auf den Weg zu einer Oberschule, um mit einer siebten Klasse eine Anti-Gewalt-Veranstaltung (AGV) durchzuführen. Als wir mit dem Lehrer vor der Klasse standen, war noch niemand da, denn die ersten Schüler/-innen kamen erst fünf und der Großteil etwa zehn nach 8:00 Uhr an. Während der Wartezeit öffneten wir das Fenster, um schon mal frische Luft reinzulassen.

Unter den ersten Schülern war ein Mädchen, bekleidet mit Jogginghose und bestimmt drei Kaugummis im Mund. Sie vorneweg, sagte zu ihren Mitschülern hinter sich: „Hey, das Schwein ist bestimmt auch von der Polizei!" Als sie diesen Satz aussprach, schaute sie mich dabei an und sagte ihn auf Arabisch. Natürlich habe ich diesen Satz verstanden, aber ich ließ es mir nicht anmerken. Damit wir endlich anfangen konnten, wollte ich das Fenster schließen. Auf dem Weg dorthin hörte ich, wie ein Schüler aus der letzten Reihe zu seinem Tischnachbar sagte: „Schau mal, jetzt macht die Schwuchtel das Fenster zu." Natürlich ebenfalls auf Arabisch. Auch hier ließ ich es mir nicht anmerken, dass ich ihn durchaus verstanden hatte. Und das, obwohl mein Name bereits an der Tafel stand – sie hätten ihn nur zu lesen brauchen. Ich sagte zu den Polizisten und dem Lehrer: „Gleich könnt ihr lachen, denn die Schüler denken, ich verstehe kein Arabisch, und beschimpfen mich."

Bei der Begrüßung bat ich die Schüler und Schülerinnen um Verständnis dafür, dass ich erst etwas in einer anderen Sprache sagen möchte. Ich ging zum Tisch der Schülerin, die mich am Anfang beschimpft hatte. Ich fragte sie auf Arabisch: „Hey, wie wär's, wenn wir beide jetzt mit der Polizei zu euch nach Hause fahren und deinen Vater mal fragen, was ein Schwein ist?" Der Blick des Mädchens warf viele Fragen auf. Sie schaute mich nur mit großen Augen an und saß wie gelähmt da. Nachdem das geklärt war, ging ich auf den Schüler in der letzten Reihe zu: „Wen nennst du hier eine Schwuchtel? Meinst du etwa mich damit?" Auch hier sagte der Blick alles. Die Mitschüler lachten sich tot, denn die meisten hatten es verstanden. Ich habe es natürlich auch für die anderen Schüler übersetzt. Den Rest der Stunde waren das Mädchen und der Junge zwei unsere besten Schüler.

Straftaten im Gewaltenstrahl

Während einer Anti-Gewalt-Veranstaltung mit Schülern findet ein Mix aus dem, was die Polizei vermittelt, und meinen Erfahrungen statt. Diese Kombination ist einfach herrlich, denn während ich aus dem kulturellen und religiösen Bereich berichte, ergänzt die Polizei aus Sicht des Gesetzgebers. Und so mischen sich Theorie und Praxis bestens miteinander. Eine Methode, mit der auch die Polizei arbeitet, ist der sogenannte *Gewaltenstrahl*. Auf der Tafel wird ein Zahlenstrahl von 0 bis 100 gezeichnet. Dann werden die Schüler nach Straftaten gefragt. Nachdem die Schüler diese genannt haben, müssen sie die Straftaten auf dem Strahl mit einer Zahl bewerten, wobei 100 das Schlimmste ist, was es gibt.

In einer Klasse waren die Polizei und ich besonders über die Aussage einer Schülerin geschockt. Sie nannte „Vergewaltigung" als Straftat und setzte diese Straftat auf dem Gewaltenstrahl auf 40. Die anderen Mitschüler, vor allem Mitschülerinnen, empörten sich darüber und waren nicht einverstanden, dass Vergewaltigung bei 40 und nicht bei mindestens 100 und darüber hinaus angesetzt wurde. Daraufhin reagierte das Mädchen ebenso überrascht auf die Reaktionen ihrer Mitschüler: „Warum regt ihr euch bei Vergewaltigung so auf?" Für sie waren andere Straftaten, wie Beleidigung oder räuberische Erpressung, viel schlimmer.

Eine Messerattacke ist ein versuchter Totschlag

In den Veranstaltungen und in meiner täglichen Arbeit stellt sich mir immer wieder die Frage, warum eine Messerattacke nicht als versuchter Totschlag gezählt wird. Wenn ein Jugendlicher einen anderen mit einem Messer verletzt, wird gegen ihn, je nach Schwere der Verletzungen, wegen Körperverletzung bzw. gefährlicher Körperverletzung ermittelt. Ich bin kein Jurist. Aber ich verstehe das nicht: Wenn jemand einen anderen mit einem Messer attackiert, beabsichtigt er bzw. legt er es doch darauf an, diesen auch tödlich zu verletzen, oder? Warum also lautet hier das Ermittlungsverfahren nicht „Versuchter Totschlag"? Ich bin mir sicher, dass es den einen oder anderen stärker abschrecken würde, ein Messer zu tragen.

Natürlich thematisieren wir auch das „Messer-Thema" mit den Schülern in den Klassen. Was bedeutet es eigentlich, ein Messer zu tragen? Viele der Verletzten nach Schlägereien wurden durch ihre eigenen Waffen verwundet. Sie brachten das Messer in die Kampfrunde und der Gegner nutzte dieses. Die Verletzungen sind immer weitaus häufiger und stärker, wenn Waffen im Spiel sind. Das zeigt auch das folgende Beispiel aus unserer Nachbarschaft: Ein 17-Jähriger wird in einer Auseinandersetzung, ausgelöst durch einen Schneeball, auf einem Reinickendorfer U-Bahnhof niedergestochen und stirbt später im Krankenhaus an seinen Verletzungen.

Gewalttaten ohne Unterlass

Während ich eine Begebenheit nach der anderen hauptsächlich im Neuköllner Kiez erlebe und teilweise aufschreibe, muss ich konsterniert miterleben, über welche an Brutalität kaum zu überbietende Gewaltvorfälle Zeitungen und andere Medien im wöchentlichen Rhythmus aus ganz Berlin berichten. Die „Kampfzone Straße" schließt hier, wie bereits am Anfang des Buches geschildert, den öffentlichen Nahverkehr mit ein. Da wird ein 22-jähriger Maler und Lackierer auf dem Bahnsteig eines U-Bahnhofes aus nicht erkennbarem Anlass von einem angetrunkenen 18-jährigen Schüler erbarmungslos mit einer Flasche niedergeschlagen. Als dieser hilflos am Boden liegt, tritt ihm der Täter mehrfach mit dem Fuß schonungslos gegen den Kopf. Ein beherzt eingreifender Passant aus Bayern rettet dem Hilflosen vermutlich das Leben. Auch hier kam es zunächst nicht zum Erlass eines Haftbefehls.

Ein 22-jähriger Italiener wird von mehreren Heranwachsenden auf dem U-Bahnhof Kaiserdamm angepöbelt und anschließend von diesen auf die Straße gehetzt, wo er aus Angst auf die Fahrbahn läuft, von einem PKW erfasst und überfahren wird. Unmittelbar am Tatort verstirbt er an seinen schweren Verletzungen.

Ein 22-Jähriger wird auf dem S-Bahnhof Schöneweide von einem 18-jährigen Jugendlichen nach einem verbalen Streit massiv angegriffen und zu Boden geschlagen. Unmenschlich tritt dieser ihm mehrfach mit den Füßen gegen den Kopf und ins Gesicht, sodass das Opfer diverse Frakturen erleidet und stationär im Krankenhaus behandelt werden muss.

Ein 19-Jähriger wird in seinem Hausflur von hinten angegriffen und mit einem Messer, das ihm an den Hals gedrückt wird, genötigt, auf die Straße zu kommen. Die beiden 17-jährigen Intensivtäter entwenden ihm anschließend, immer unter Vorhalt des Messers, seine Geldbörse und sein Handy. Der Angegriffene muss nun beide Täter zu einer Bank begleiten, wo sie seine PIN-Nummer für's Girokonto erpressen. Nachdem diese Gangster sein Konto geplündert haben, führen sie ihn in ein ihm unbekanntes Haus, nicht ohne vorher erfolglos versucht zu haben, sein geraubtes Handy in einem Call-Shop zu verkaufen. Er wird nun gezwungen, mit in den Keller des Hauses zu kommen und sich dort komplett auszuziehen. Beide drücken ihn zu Boden und urinieren auf ihn. Abschließend erhält er einen Tritt in seine Genitalien, bevor diese Schinder flüchten. Menschenverachtender geht's nicht!

Weitere Beispiele dieser Art ließen sich hier noch viele berichten. So sind nicht nur wir erschrocken und sprachlos angesichts dieser sinnlosen Gewalt von Jugendlichen. Was bleibt zu tun?

In zwei der aufgeführten Fälle konnten die skrupellosen Schläger durch Aufzeichnungen der Videoüberwachung auf den Bahnsteigen gefasst und überführt werden. Es ist mehr als unbefriedigend, dass diese Videoüberwachung nicht schon längst in sämtlichen Räumen des öffentlichen Nahverkehrs durchgeführt wird. Auch bestimmte Kriminalitätsschwerpunkte im öffentlichen Raum sollten mit einbezogen werden. Zusätzlich sollte die Aufbewahrungszeit der Filme von heute 48 Stunden auf mindestens 14 Tage erweitert werden. Viele Kollegen und ich können sich nicht mit den Argumenten von Datenschützern anfreunden, die nicht nur meinen, dass diese Daten, wie auch immer, missbraucht werden, sondern dass so auch keine Gewalttaten verhindert werden. Jeder schnell festgenommene Gewalttäter verringert zunächst für jeden Bürger die Gefahr, Opfer einer Straftat zu werden. Allein dies sollte, glaube ich, schon ausreichen. Aber der Datenschutz dieser Art ist meiner Meinung nach heute mehr ein Täter- als ein Opfer- oder Bürgerschutz.

Die stete Flut von Haftbefehlen und der Datenschutz

Die trainierten Mitarbeiter meiner Dienstgruppe erreichen doch etwas keuchend die 5. Etage eines Alt-Berliner Mietshauses. Sie sind am heutigen Tage bereits zum siebten Mal in diese Höhen emporgestiegen, um so ihre Aufgaben als Haftbefehlsstreife des Polizeiabschnittes 54 zu erfüllen. Seltsamerweise wohnt die Klientel, mit der es die Kollegen täglich zu tun haben, fast immer in den oberen Stockwerken. Auf wiederholtes Klingeln und Klopfen wird zögerlich die Wohnungstür geöffnet:

„Einen wunderschönen Tag, die Berliner Polizei, wohnt hier Frau ...?"

„Äh, ja, nein, ich weiß nicht, ich glaube schon, die ist aber, äh, ja, die ist unterwegs!", antwortet der großgewachsene Mann mit treuherzigem Blick. „Würden Sie uns bitte mal hereinlassen? Wir ... haben nämlich einen Haftbefehl, den wir vollstrecken müssen!"

Kollege Waldi, seines Zeichens schwäbischer Herkunft und folglich durchaus sparsam, nicht nur im Gebrauch seiner Worte, betritt als Erster die Wohnung. Als langjähriger „Vollstrecker" von Haftbefehlen „riecht" er förmlich die Unwahrheit von Aussagen.

„Wer befindet sich denn im Badezimmer, dort ist ja abgeschlossen?", fragt zielgerichtet die zweite Spürnase unserer Fahnder.

„Da, äh, äh, ja dort ist eine Bekannte von mir drin!", stottert der Mieter.

„Hallo, Frau ..., kommen Sie mal bitte heraus, wir haben einen Haftbefehl für Sie!" Nach einigen Minuten öffnet Frau ... die Badezimmertür und wird festgenommen.

„Habe ich gar nicht bemerkt, dass dort Frau ... drin war!", entschuldigt sich kleinlaut ihr verhinderter Helfer.

So oder so ähnlich ergeht es fast täglich dieser Haftbefehlsstreife. Oft überaus gewieft und mit sehr viel mehr Einfallsreichtum als in dem geschilderten Fall, versuchen die gesuchten Personen ihre Festnahme immer wieder zu verhindern. Da versteckt man sich schon einmal im Schrank, unterm Bett oder verkriecht sich hinter einer spanischen Wand. Gefunden werden sie aber fast immer! So kommen schnell mal ca. 1200 Haftbefehle und Vollstreckungen pro Jahr allein für den eigenen Abschnitt 54 zusammen. Dabei handelte es sich um Vollstreckungssummen von 5 Euro bis hin zu 5000 Euro und um Freiheitsstrafen bis zu einem Jahr. Teilweise gab es für einzelne Betroffene bis zu vier Haftbefehle gleichzeitig.

Ausgesprochen erschwert wird die Tätigkeit der emsigen Kollegen durch die Veränderung der Meldepflicht aus dem Jahre 2004. Mehr als 15 Abmeldungen von Amts wegen veranlassen unsere Kollegen seitdem pro Monat. Korrekte Meldeverhältnisse nehmen stetig ab und es wird so immer schwieriger, Haftbefehle zu vollstrecken. Jeder kann sich anmelden, wo und wann er will, eine Unterschrift des Vermieters ist nicht mehr nötig. Nicht selten kommt es vor, dass bis zu 15 Personen in einer Einzimmerwohnung gemeldet sind, ohne dass sich dort auch nur eine der Personen wirklich aufhält!

148

Es gäbe natürlich die Möglichkeit, hier effektiver und wesentlich aufwandsärmer vorzugehen. Gerade über die Jobcenter wäre es möglich, ohne viel Aufsehen diejenigen zu erreichen, die sich geschickt vor den Strafverfolgungsbehörden verstecken. Davor steht aber der Datenschutz.

Mehr als erstaunt ist man, wenn man sich die zehn Punkte umfassenden Leitlinien fürs Jobcenter des Datenschutzbeauftragten vom Juli 2009 durchliest. Unwillkürlich hat man das Gefühl, dass die Mitarbeiter der Jobcenter den Polizisten vorsichtig und skeptisch entgegentreten sollen, da diese offensichtlich Daten ausspähen wollen, um sie anschließend, für welche Zwecke auch immer, zu missbrauchen. Um es zu verdeutlichen: Wenn ein „untergetauchter", mit Haftbefehl Gesuchter Leistungen vom Staat bezieht, ist dies noch lange kein Grund, dass die Mitarbeiter der Jobcenter der Polizei schnell, effektiv und unbürokratisch dabei helfen, diesen „aus dem Verkehr" zu ziehen. Es ist doch ziemlich frustrierend, dass wir als Polizei mit viel Aufwand und Mühe versuchen, diese Leute zu finden, diese aber gleichzeitig ruhig und gelassen jede Woche erneut in den Jobcentern erscheinen, um ihre staatliche Unterstützung zu empfangen.

Oder, wie selbst schon einige Male erlebt, es ergeben bestimmte Ermittlungen, dass Sozialleistungen betrügerisch erlangt werden. Um nun sehr schnell reagieren zu können, damit der Missbrauch beendet und zusätzlich gezahlte Gelder gefunden und sichergestellt werden, sind die bereits erwähnten Leitlinien des Datenschutzbeauftragten nicht gerade hilfreich.

Nicht nur aus meiner Sicht wären drei Punkte in diesen „Leitlinien der Datenübermittlung an Polizeibehörden durch die Jobcenter" ausreichend gewesen, aber diese sind erstaunlicherweise gar nicht darin zu finden:

1. Das berechtigte Interesse der Allgemeinheit bzw. des Staates an der Durchsetzung von rechtmäßig zustande gekommenen Strafen im Rahmen von Gerichtsverfahren ist dem Interesse des Datenschutzes jedes einzelnen Straftäters mindestens gleichzusetzen!

2. Die Mitarbeiter der Jobcenter und die der Polizei arbeiten reibungsarm, schnell und vertrauensvoll im Rahmen der geltenden Gesetze zusammen.

3. Die Jobcenter teilen den Polizeibehörden ihre nicht öffentlichen Rufnummern mit, damit jeder Mitarbeiter der Jobcenter telefonisch erreichbar ist.

Na ja, ich weiß, dies bleiben Wunschträume! Wir als Polizei werden weiterhin jeden einzelnen Punkt dieser Leitlinien befolgen und so mit „viel Daten-Sand im Getriebe" unsere Arbeit versehen.

Ich möchte hier nicht falsch verstanden werden: Datenschutz spielt zweifelsohne eine wichtige Rolle in unserer demokratischen Gesellschaft. Er sollte aber mit Augenmaß betrieben werden, um keine fast unüberwindlichen Hürden aufzubauen, die dem normalen Menschenverstand widersprechen. Wenn ich daran denke, wie schwer die Vernetzung von Daten innerhalb der bereits mehrfach genannten Behörden ist, um eine beginnende kriminelle Karriere von Jugendlichen oder sogar Kindern frühzeitig zu erkennen, damit rechtzeitig effektiv gegengesteuert werden kann, dann wünschte ich mir dort schnellstmöglich Änderungen. Das dürfte nicht nur im Sinne der Vermeidung zukünftiger Opfer von Gewalt sein, sondern auch im Sinne der betroffenen Kinder und Jugendlichen. Eine bessere Prävention ist kaum denkbar!

Abschließend zu diesem Thema zitiere ich aus einem erst kürzlich von mir verfassten Bericht über Betrügereien,

durchgeführt von einer Bande Jugendlicher bzw. Heran-
wachsender, die meinten, sich einen Lebensstandart der
Sonderklasse leisten zu können:

„... Richtiger Frust kam aber auf, als wir einige Mitarbeiter der geschädigten Banken und Sparkassen baten,
uns Beweismittel zur weiteren Täterermittlung zu übergeben. Für einfache Tatfotos der von uns ermittelten Betrüger
an ihren Geldautomaten verlangten sie zur Herausgabe Be-
schlüsse vom Gericht. Anschließend berechneten sie uns
die Ausdrucke. Da war sogar unser Staatsanwalt ‚not amu-
sed‘ und unseren Ermittlungstätigkeiten tat diese ständige
Zeitverzögerung auch nicht gerade gut. Die Geschädigten
bekamen zwar offensichtlich ‚geräuschlos‘ ihr betrügerisch
entwendetes Geld ersetzt, aber letztendlich zahlen alle anderen Bankkunden die Zeche."

Ein besonderes Schmankerl habe ich noch zusätzlich:
Auf die Frage eines Kollegen an den Filialleiter einer Sparkasse, ob es Überwachungskameras im Vorraum seines In-
stitutes gebe, antwortete dieser keck: „Das kann ich Ihnen
aus Datenschutzgründen nicht sagen!" Da sage noch einer,
dass das „Bankgeheimnis" nicht ernst genommen wird ...

Vorbildfunktion und Verantwortung

Sprachliche Umgangsformen und ihre Folgen

Mein 22-jähriger Sohn kommt ins Arbeitszimmer und
schaut mir beim Schreiben über die Schulter. Als er meine
Erklärungsversuche für das kriminelle Verhalten bestimm-
ter Jugendlicher sieht, beginnt er einen interessanten Deu-
tungsversuch des Teilaspektes, wie sprachlich miteinander
umgegangen wird und welchen Einfluss dies seiner Meinung nach auf Gewaltausübung hat. Hier einige, wie ich

meine, doch sehr überzeugende Anmerkungen seinerseits; ich zitiere:

„Es scheint nahezu so, als ob die meisten den respektvollen Umgang miteinander vergessen bzw. verloren haben. Obwohl dies gleich zu Beginn des Grundgesetzes Artikel 1(1) verankert ist: Die Würde des Menschen ist unantastbar. Sie zu achten und zu schützen ist Verpflichtung aller staatlichen Gewalt. Die wird nun täglich durch abfällige, erniedrigende, herabwürdigende, verunglimpfende, niedermachende Worte, Ausdrucksweisen gebrochen und selbst in den Medien wird dies kaum noch beachtet. Es liegt nicht lange zurück, dass Medien wie z. B. Fernsehen, Radio und die Filmwirtschaft strenge Auflagen in Bezug auf Ausdrücke, Gewaltverherrlichung oder Sexualisierung bekamen oder sich selbst vorgaben. Sie unterlagen der sogenannten Zensur, ein politisches Verfahren, um nicht vertretbare Inhalte zu kontrollieren. Wo ist nur diese Kontrolle geblieben? Haben wir uns mit der Flut von Verwahrlosung in Sprache und Verhalten abgefunden? Der vulgäre Ausdruck ‚fuck‘ beispielsweise, der heutzutage bei Jugendlichen beiläufig fällt, wurde konsequent aus Liedern, Konzerten oder Filmen rausgeschnitten bzw. anders synchronisiert.

Eine bemerkenswerte Erkenntnis darüber, dass dem wohl nicht mehr so ist, habe ich bei einem Kinobesuch mit dem Film ‚Hangover 2‘ gemacht, der erst vor Kurzem in die Kinos kam. Ich sah den Film in der englischen Originalfassung. Gefühlte 200 Mal fiel das Wort ‚fuck‘. Noch dazu gab es einige Szenen, die entblößte Transvestiten zeigten und Fotos mit Geschlechtsakten. Mein Erstaunen richtete sich auf die Altersbeschränkung von der FSK (Freiwillige Selbstkontrolle). Ab 12 Jahren ist dieser Film freigegeben! Wie bitte?! 12 Jahre! Wo bleibt da der Jugendschutz? In dem Film wird das Kind mit Szenen konfrontiert, die es weder sehen will noch verarbeiten kann. Zudem heißt es auf der Internetseite der Freiwilligen Selbstkontrolle der Filmwirtschaft: ‚FSK ab 12 – mit Eltern ab sechs Jahren erlaubt'. Schaut man in das Grundgesetz, so ist ein Mensch bis 14 Jahren noch ein Kind und unterliegt besonderem Schutz. Offensichtlich hat dieses Thema aber keinen Menschen in den Medien interessiert. Ich las weder eine Kritik zur Altersbegrenzung noch irgendeine Empörung darüber, was gezeigt wird!"

Diese sehr aufschlussreichen Ausführungen meines Sohnes möchte ich durch eigene Erlebnisse ergänzen: Ein älteres Ehepaar, beide 79 Jahre alt, besteigt einen Doppeldecker-Bus der Linie 48 von Neukölln zum Kurfürstendamm. Da sämtliche Plätze im Unterdeck besetzt sind, kraxeln sie mühsam über die Treppe ins Oberdeck. Freudig entdecken sie zwei offensichtlich freie Plätze in der vorderen Reihe, neben einem ca. 16-Jährigen. Beim Näherkommen müssen sie allerdings feststellen, dass auf den freien Sitzplätzen ein Hund liegt. Etwas außer Atem, aber ruhig und ausgesprochen höflich bittet die Frau den jungen Mann darum, den Hund von den Sitzen zu nehmen, um selbst einen Platz zu erhalten. Unwillig, mit einem hasserfüllten Gesichtsausdruck erwidert der lautstark: „Ich fi... auf Berlin, halt die Schnauze, du alte Fo...!" Als sich nun eine jüngere Frau von der Nebenbank einmischt und dieses Verhalten verständnislos kritisiert, kommt es zur Androhung einer körperlichen Auseinandersetzung durch diesen garstigen Hundehalter. Sämtliche anderen Fahrgäste nahmen dies still und kommentarlos zur Kenntnis – bereits eingetretener Gewöhnungseffekt?

Wer sich häufig unter Jugendlichen aufhält, ich denke hier unter anderem auch an einige Schulhöfe, der wird zwangsläufig mit einer Jugendsprache konfrontiert, die gewöhnungsbedürftig ist, die es aber in anderer, vielleicht abgeschwächter Form schon immer gab. Was aber auffällt, sind die unzähligen menschenverachtenden Ausdrücke, die es in dieser Art erst seit einigen Jahren gibt. Wenn z. B. Jugendliche, die nicht zur eigenen Clique oder Gruppe gehören, eine andere Herkunft oder gar Hautfarbe haben, als „Opfer", „Opferknecht" oder „deutscher Hund" und vieles andere mehr bezeichnet werden, dann ist das Maß voll. Konsequentes Einschreiten ist hier geboten.

Eine weitere Variante des sprachlichen Verrohens kann man fast wöchentlich auf Fußballplätzen unserer schönen Republik miterleben. Zum Zeitpunkt des Schreibens dieser Zeilen findet in Berlin eine Aktion statt, die von Fußballschiedsrichtern gestartet wurde. Aus Protest gegen die stetig wachsende Anzahl von Beleidigungen, Bedrohungen und körperlichen Angriffen legen diese auf den Fußballplätzen in der zehnten Spielminute eine fünfminütige Spielpause ein und gehen in dieser Zeit vom Platz. Immer mehr Schiedsrichter wollen sich diesen Stress, der praktisch alle Alters- und Spielklassen betrifft, nicht weiter antun und kündigen. Hier trifft es im Übrigen nicht zu, dass sich nur die Jugendlichen so verhalten. Im Gegenteil. Wer hier den Vätern, aber auch den Müttern, also den „Vorbildern" zuhört oder zusieht, wie diese sich aufführen oder was diese so aufs Spielfeld brüllen, der kann sich eigentlich nur verschämt zur Seite drehen oder diesen, eigentlich ursprünglich fairen, friedlichen Sportwettkampf verlassen. Wie wichtig ihre Aktion einerseits war und wie wenig sie andererseits bewirkte, mussten einzelne Schiedsrichter unmittelbar nach dieser fünfminütigen Fairplay-Pause erleben. Drei Spiele wurden am gleichen Tag wegen Bedrohung der Schiedsrichter abgebrochen, darunter auch ein Jugendspiel.

Vorbilder

Die bereits erwähnten elterlichen Vorbilder als ein kleiner weiterer Teilaspekt zur Bekämpfung der Jugendgewalt sollten nicht unterschätzt werden. Wer bereits im Kindesalter häusliche Gewalt, ausgeübt durch Vater oder Mutter, erlebt, der wird fast zwangsweise aufgrund dieser Gewalterlebnisse in seiner eigenen Jugend häufig ebenfalls Gewalt benutzen, um seine eigenen Vorstellungen gegenüber anderen durchzusetzen. Andere Möglichkeiten der Auseinanerstzung wie zum Beispiel die sachliche Diskussion sind in seinem Denkschema schlicht unterentwickelt. Sie werden dementsprechend nicht genutzt, um Konflikte zu lösen. „Wortgefechte fanden in der eigenen Erziehung selten statt, Gewalt war die Lösung aller Fragen."

In diesen Fällen wird bereits kompetent angesetzt, indem meine Kollegen konsequent einschreiten, gerade wenn es um häusliche Gewalt geht. Sofort werden auch die Jugendämter, gegebenenfalls die Schulen oder auch andere Hilfseinrichtungen informiert, natürlich immer unter dem Aspekt des Datenschutzes, damit unmittelbar geholfen werden kann. Dieses Vorgehen sollte und muss zum Wohle der Kinder noch weiter verfeinert und vereinfacht werden.

Vorbilder sind aber auch, wie jeder weiß, alle, die sich im öffentlichen Raum bewegen oder etwas „zu sagen" haben, ich denke hier speziell an Politiker. Es ist schlichtweg ausgesprochen bedenklich, wenn man ein öffentliches Amt bekleidet und dann eindeutige Rechtsverstöße mit offensichtlichen Ausreden oder unter dem Deckmantel der moralischen Entrüstung entschuldigt. Da fallen mir drei Beispiele aus der jüngeren Zeit ein, die ausführlich in den Medien publiziert wurden und die ich bloß kurz anreißen möchte. Zunächst wäre da die Plagiatsaffäre um die Doktorarbeit des Karl-Theodor zu Guttenberg. Diese trug sicherlich nicht dazu bei, ein schlechtes Gewissen zu entwickeln, wenn man z. B. als Schüler mal schnell seinen Entschuldigungszettel zum Fernbleiben in der Schule selbst schreibt.

Oder welchen Eindruck vermittelte Bundestagsvizepräsident Wolfgang Thierse, immerhin Mitglied eines Verfassungsorgans, mit seiner Sitzblockade am 1. Mai 2011, bei der es um die Blockierung eines Aufzugs von Neonazis ging. Er begründete sein Verhalten, vielleicht menschlich verständlich, mit den Worten: „Unser Protest richtete sich nicht gegen die Polizei, sondern gegen die Nazis." Die Beamten hätten ihre polizeiliche Pflicht und die Demonstranten ihre staatsbürgerliche Pflicht erfüllt. „Man muss seine Wut und seine Ablehnung gegen Neonazis auch ausdrücken dürfen!" Interessant finde ich hier allein schon seine Unterscheidung zwischen polizeilicher und staatbürgerlicher Pflicht, sie wird mir allerdings auch nach längerer Überlegung nicht klarer.

Dass danach Vorermittlungen wegen des Verdachts, gegen das Versammlungsgesetz verstoßen zu haben, oder dass gar ein Verfahren wegen Nötigung geführt wurde, berührte Thierse offensichtlich nicht sonderlich. Dazu führte Berlins damaliger Innensenator und sein Parteifreund Dr. Körting kritisch aus: Er fände es „nicht so toll", wenn sich Mitglieder der Verfassungsorgane an rechtswidrigen Aktionen beteiligten.

Auch der Bezirksbürgermeister von Kreuzberg, Franz Schulz, blockierte im Juli eine rechtmäßig angemeldete Versammlung der Partei „Pro Deutschland" im Rathaus von Kreuzberg. So verstieß er gegen das demokratische Grundrecht nach § 21 Versammlungsgesetz, in dem es u. a. heißt: „Wer in der Absicht, nichtverbotene Versammlungen oder

156

Aufzüge zu verhindern oder zu sprengen oder sonst ihre Durchführung zu vereiteln, Gewalttätigkeiten vornimmt oder androht oder grobe Störungen verursacht, wird mit Freiheitsstrafe bis zu drei Jahren oder mit Geldstrafe bestraft."

Wie bereits erwähnt, moralisch mag dies alles Sinn ergeben, wir leben aber in einem Rechtsstaat und hier gelten die Gesetze für alle gleichermaßen. Als Vorbilder für die Jugend sind diese Politiker eher weniger geeignet, wie ich meine, denn diese werden schnell deren Argumentationen für eigene Rechtsverstöße und -verdrehungen übernehmen. Dies sogar im guten Glauben, was „die dort oben" können, können wir schon lange. Dass selbstverständlich auch die kleinen Dinge des Lebens zur Vorbildfunktion dazugehören, wie ein höflicher und respektvoller Umgang untereinander und einiges mehr, habe ich mehrfach innerhalb dieses Buches dargelegt. Auch hier stehen Politiker wieder auf dem Prüfstand.

Wenn Politiker „dissen"

Wenn sich zwei Rapper streiten, dann tun sie es in der Öffentlichkeit, und wenn wir genau hinhören, hören wir, wie sie sich gegenseitig verbal schlechtmachen. Dabei nehmen sie kein Blatt vor den Mund. Es reicht von Beleidigungen bis hin zu Drohungen. Bei Politikern ist es ähnlich. Kurz vor den Wahlen werden sie immer lauter und der gegenseitige Respekt in der Öffentlichkeit sinkt.

Es erinnert an ein Streitgespräch zwischen zwei Kindern oder Jugendlichen, in dem keiner seine eigenen, sondern nur die Fehler des anderen benennt. Vergleichbar hierzu stellen die Politiker die Versprechen der anderen Parteien in Frage und vergessen dabei, ihre eigenen Vorhaben zu erwähnen. Bei Jugendlichen nennt sich das „dissen" (jemanden verbal schlechtmachen). Je näher die

Wahlen kommen, desto unangenehmer wird auch das „Dissen".

In Berlin sprach man sogar mal von einem Boxkampf. Kurz vor den Wahlen lieferten sich der amtierende Bürgermeister und sein Herausforderer ein kleines Duell im Fernsehen. Am nächsten Tag schrieb eine Zeitung, es sei wie in einem Boxring gewesen. Die beiden mussten sich attackieren, um den Boxrichter – die Wähler – zu beeindrucken.

Vermitteln wir Respekt?

Der respektvolle Umgang untereinander, sich vorbildlich zu benehmen oder seinen Ruf wahren zu wollen, sind unsere täglichen Begleiter. Was sicher auch erklärt, warum jeder von uns respektiert werden möchte.

In meinen Lesungen vor Jugendlichen und Schülern behandele ich auch das Thema „Respekt". Ich möchte vor allem erfahren, was sie unter Respekt verstehen. Gegenseitiger Respekt zeigt sich darin, dass man jemanden ausreden lässt, der Person zuhört, sich meldet, wenn man etwas zu sagen hat, und andere nicht beschimpft. Mitunter verstehen sie das unter Respekt. Aber vermitteln wir es auch wirklich unseren Kindern und Jugendlichen?

Wie jeden Morgen fuhr ich meine Kinder in die Schule bzw. den Kleinen in die Kita. An der nächsten Kreuzung angekommen, ärgerte ich mich über das Auto vor mir. Dieses blinkte zwar und wollte ebenfalls nach rechts abbiegen, kam aber irgendwie nicht voran. Also sagte ich vor mich hin: „Mensch, fahr doch weiter, du fährst ein Auto und keinen Lkw!" Plötzlich ruft mein fünfjähriger Sohn von hinten: „Hast du Tomaten auf den Augen, wo hast du deinen Führerschein gekauft, du Idiot!" Erst war ich schockiert und sagte ihm, dass man das nicht sagt, es gehöre sich nicht, so zu reden. Da antwortet er mir: „Papa, aber das sagst du doch auch immer!" Mir war es bis dahin nicht so bewusst gewesen, was ich alles von mir gebe.

Zurück zur Streitkultur. Mittlerweile hat sich eine Art der Streitkultur in unsere Gesellschaft eingeschlichen, die immer selbstverständlicher wird. Ich schaue mir abends die unterschiedlichsten Sender im Fernsehen an. Dabei ist es manchmal gar nicht auszuhalten, wie miteinander umgegangen wird. Ich spreche von Talksendungen. Anfangs dachte ich, nur die „Arbeitslosensendungen" vormittags und teils bis nachmittags wären so schlimm. Dabei spielt es längst keine Rolle mehr, welche dieser Sendungn man sich anschaut. Ob es eine der zahlreichen Richter-Sendungen oder ein Familiendrama bzw. Familienschicksale sind, je schlechter es jemandem geht, je schlimmer jemand runtergemacht wird, desto spannender scheint die Sendung zu sein.

Ich schaue mir auch Talksendungen am Abend an und hier herrschen die gleichen Verhältnisse. Mit dem Unterschied, dass es hier keine Schauspieler sind wie in den Richter-Sendungen, die nur eine Rolle spielen. Es sind Politiker, Geschäftsleute, Lehrer, Stars, Autoren und und und, die als Talkgäste eingeladen sind. Auch hier gilt: Wer lauter ist, hat Recht. Die Gäste fallen sich ins Wort, reagieren nicht, wenn die Moderation etwas sagt. So ist es nicht verwunderlich, dass jeder zweite Kommentar mit der Bemerkung beginnt: „Jetzt darf ich mal was sagen, ich habe Sie auch ausreden lassen!"

Doch ich habe auch gelernt, dass nicht alles, was ich zu senden meine, auch so empfangen wird, wie ich es meine. Man muss also sehr vorsichtig sein mit dem, was man äußert. So frage ich mich bei einigen Ansprachen von Politikern, was sie eigentlich vermitteln möchten. Im Zusammenhang mit den Kürzungen der Finanzmittel für das Programm „Soziale Stadt" äußerte sich ein Politiker (nicht von einer rechtsorientieren Partei): „Wir wollen uns darauf konzentrieren, mit dem Programm ‚Soziale Stadt' Investitionsmaßnahmen zu finanzieren. Die Zeit der nicht investiven Maßnahmen, zum Beispiel zur Errichtung von Bibliotheken für Mädchen mit Migrationshintergrund, ist vorbei ..." Dies ist nur ein Beispiel von zahlreichen „Ausrutschern" von Vorbildern in der Öffentlichkeit.

Ich denke nicht, dass all das noch etwas mit respektvollem Umgang miteinander zu tun hat. Doch es sollte jedenfalls nicht die Art und Weise sein, wie wir Probleme ansprechen und nach Lösungen suchen.

Strafmündigkeit – von Schuld und Sühne

Der Knabe mit den weißen Kügelchen

Ich sehe einen feschen Burschen, der auf einer dicken weichen Schäfchenwolke sitzt, die langsam von der arabischen Halbinsel kommend übers Mittelmeer in Richtung Zentraleuropa treibt. Ab und an schaut er über den Rand der Wolke hinab zur Erde und erblickt schneebedeckte Berge, saftig grüne Wiesen und Wälder sowie anheimelnde Dörfer und Städte. Dabei merkt er, wie es ihn juckt, einfach von der Wolke auf die Erde zu springen, um die hübschen Städte, die es ihm besonders angetan haben, zu erkunden. Aber da ist die flüsternde, tiefe Stimme in seinem linken Ohr, die wiederholt eindringlich rät: „Murad, warte noch! Denke daran, um gut leben zu können, brauchst du Arbeit, Geld und verständnisvolle Menschen!"

Also wartet er, bis er unter sich eine große Stadt erblickt. Wie von Zauberhand geführt, kippt plötzlich die große Wolke zur Seite und mit einem Plumps landet er unsanft auf seinem Hosenboden mitten auf einer Wiese in einem wunderschönen Park. Etwas benommen schaut er sich um. Wo ist er gelandet? Rings um ihn herum stehen Gruppen von Menschen. Diese unterhalten sich in den verschiedensten Sprachen und haben die unterschiedlichsten Hautfarben. Einige fremdartige Worte hört er aber immer wieder, die er sich auch gleich merkt: Jahnpark, Hasenheide und Berlin.

Bevor er davonlaufen kann, spricht plötzlich erneut die Stimme im Ohr zu ihm: „Murad, fasse in deine Hosentasche und nimm deinen arabischen Pass, dann zerreiße ihn in ganz kleine Stücke, die du dem Wind überlässt. Du bist ab jetzt für die nächste Zeit zwölf Jahre alt, dies ist in diesem Land wichtig, um besonders nett behandelt zu werden. Nun gehe zu der großen Eiche in der Mitte der Wiese und grabe an seiner rechten Seite. Dort findest du einen Beutel mit kleinen weißen Kügelchen, die werden dir viel Glück bringen!" Gesagt, getan. Tatsächlich liegt der Beutel dort. Murad nimmt ihn an sich und läuft in Richtung Parkausgang. Kaum hat er die ersten Schritte getan, kommt eine fremdartig, bleich aussehende Person auf ihn zu und fragt: „Hast du Kugel mit weißem Pulver, ich gebe dir 50 Euro?" Er versteht die fremden Worte nicht, da spricht die Stimme im Ohr: „Murad, dies ist deine Arbeit. Verkaufe die kleinen Kügelchen und du hast immer genug Geld zum Leben. Und denke daran, du bist ein Kind von zwölf Jahren!" Er will zunächst widersprechen und sagen, „ich bin doch schon 18 Jahre alt, ein strammer junger Mann", die Stimme aber hatte so eindringlich gesprochen, dass er es nicht tut.

So kommt es, dass er täglich viele, viele Kügelchen verkauft. Wenn sein Beutel leer ist, läuft er zurück zur dicken Eiche, um Nachschub zu holen. Bald steht dort aber ein großer, breitschultriger Mann, der ihn in arabischer Sprache anweist, in Zukunft ihm den Großteil seiner Verkaufserlöse zu überlassen, wobei er hinzufügt, dass dafür der Nachschub immer klappen würde. Murad ist damit einverstanden, denn er hat in der Zwischenzeit begriffen, dass er auch von seinem Anteil sehr gut leben kann.

Die Tage, Wochen und Monate vergehen. Murad kann bereits gut Deutsch sprechen und noch besser verstehen. Diese erworbenen Fähigkeiten setzt er aber nur dann ein, wenn er sie gut gebrauchen kann, ansonsten gibt er weiterhin vor, nur Arabisch zu verstehen und zu sprechen. Eines Mittags, er hat gerade drei Kügelchen verkauft, springen zwei blau gekleidete Männer auf ihn zu. Einer hält ihn eisern fest, während der andere seine Kleidung durchsucht. Beide haben zuvor erklärt, dass sie von der Polizei seien und dass er vorläufig festgenommen sei, weil er mit Kokain dealt. Schnell finden sie den halb gefüllten Beutel mit Kügelchen in seiner rechten Jackentasche und nehmen ihn mit in Polizeigewahrsam.

Auf dem Weg dorthin hört er wieder die Stimme im Ohr: „Murad, diese Leute wollen dir Böses. Zeige ihnen das Personalpapier, welches du am Baum gefunden hattest, denn Kindern können die gar nichts, und ansonsten sprich nur Arabisch!" Im Polizeigewahrsam angekommen, nehmen sie seine Finger und stecken sie in blaue Tinte, um diese anschließend auf Papier zu drücken. Dann machen sie Fotos von ihm. Nachdem sie sich sein Personalpapier angesehen haben, hört er, wie sich die Polizisten staunend über sein Alter unterhalten und überrascht einer zum anderen sagt: „Das kann doch gar nicht sein, der ist doch nicht zwölf Jahre alt, der hat ja bereits einen Bart!"

Murad sagt dazu kein Wort und tatsächlich, das Wunder tritt ein. Er wird von den Polizisten zu einem Haus gefahren, an dem „Kinderheim" geschrieben steht. Eine nette Frau nimmt sich seiner an und er bekommt ein Zimmer mit einem Bett. Eigentlich ganz schön, aber nicht für ihn, einen jungen Mann mit einem Handelsgeschäft. Also steigt er sogleich durchs Fenster auf die Straße und begibt sich schnurstracks in sein geheim gehaltenes Hotelzimmer, welches er bereits seit seiner Ankunft bewohnt. Hier ruft er sofort eine ihm bereits bekannte Frau an, mit der er sich mit seinem selbstverdienten Geld herrlich amüsiert.

Am nächsten Morgen nimmt er seine wohlbekannte Arbeit wieder auf. Er ist nun aber vorsichtiger, denn seine Kügelchen sind bei der Polizei und dies schmälert seinen Gewinn erheblich. So verlegt er seine Tätigkeiten in den Bereich der U-Bahn-Linie 7, denn dort gibt es viele Stationen mit unzähligen Versteckmöglichkeiten. Und siehe da, die Geschäfte laufen besser als je zuvor. Die Einzigen, die sich nicht verkaufsfördernd verhalten, sind die sogenannten Zivil-Polizisten, auch „Zivi-Bullen" genannt, wie er inzwischen weiß. Ständig wird er überrascht, wobei der weitere Ablauf immer gleich ist: Festnahme, Abschnitt, Kinderheim, weglaufen …

Lediglich der Verlust seiner weißen Kügelchen betrübt ihn und so nimmt er diese in den Mund und transportiert sie von einem Käufer zum anderen. Während der Festnahme schluckt er diese herunter und wenn er wieder in Freiheit ist, erbricht er sie. Da dies etwas unangenehm ist, geht er dazu über, sich gegen die Festnahme zu wehren und die Polizisten zu verletzen. Auch beschimpft und beleidigt er die Mitarbeiter des Kinderheims und der Jugendbehörden so sehr, dass keiner mehr etwas mit ihm zu tun haben will und er nun direkt von der Polizei auf die Straße entlassen wird. Einfach super, es passiert ihm nichts, er ist ja ein Kind.

Viele Monde vergehen und die Geschäfte laufen hervorragend. Manchmal vernimmt er von seinen Festnehmern deprimierende Sätze wie: „Warum wird denn nur kein Altersgutachten von Murad gemacht?" „Warum kann kein Brechmittel verabreicht werden, um die Beweismittel, also die Kokain-Kügelchen, sicherzustellen?" Und vielfach auch: „Dieser arabische Dealer verursacht einen mittel- bis langfristigen Totschlag an seinen Konsumenten, während er selbst aus humanitären Gründen davor geschützt wird, Brechmittel einzunehmen!" Immer wieder hört er auch von anderen arabischen Brüdern, dass diese weit über 1000 Handelsvorgänge wegen Heroin-/Kokainhandels bei der Staatsanwaltschaft anhängig haben. Diese Gespräche enden dann regelmäßig mit lautem Gelächter und unverständlichem Kopfschütteln über so viel Hilflosigkeit der deutschen Behörden.

Murad berührt dies wenig, er ist ja nur ein Kind und bereits seit drei Jahren immer noch zwölf.

In diesem Moment wachte ich schlagartig auf, streckte und reckte mich und war verwundert, wie sehr der tägliche Dienstbetrieb und die dort erlebten unerträglichen Geschichten mich im Traum beschäftigen. In diesem Fall war ich aber auch nicht sonderlich überrascht, denn Murad (Name geändert) und einige ähnlich gelagerte Sachverhalte belasteten meine Kollegen und mich wie ein Déjà-vu. Wie in dem ausgezeichneten Film „Und ewig grüßt das Murmeltier" erlebten wir es monatelang fast täglich, dass keine Institution bereit war, uns diesen offensichtlich jugendlichen bzw. heranwachsenden Kokaindealer abzunehmen. Auch unzählige Festnahmen und unsere fundierte Argumentation, dass er mit Sicherheit kein Kind mehr ist, führten nicht zu dem Ergebnis, sein wahres Alter zu prüfen. Erst dann wäre eine Strafverfolgung eingeleitet worden, um sein hochkriminelles, immer gewalttätigeres Tun zu unterbinden.

Der Verzweiflung nahe, versuchten die Kollegen, einen Beschluss des Gerichts zur Altersbestimmung zu bekommen. Dies wurde aber immer wieder mit dem Hinweis auf mangelnde Zuständigkeit abgeschmettert: Er war ja noch ein Kind und dementsprechend nicht strafmündig (§ 19 StGB: Schuldunfähig ist, wer bei Begehung der Tat noch nicht vierzehn Jahre alt ist). Gleichzeitig weigerten sich auch die Jugendbehörden, diesen Gewalttäter aufzunehmen, da sie keine Möglichkeiten sahen, ihn sicher in einem ihrer offenen Kinderheime unterzubringen. Bei den Arztvorführungen war dies ebenso. Nicht nur, dass es nur ein oder zwei Ärzte in ganz Berlin/Brandenburg gab, die sich in der Lage sahen, ein Altersgutachten zu erstellen; nein, sie brauchten dazu selbstverständlich auch einen

Durchführungsbeschluss des Gerichts, und da biss sich die Katze in den Schwanz (s.o.). Nach vielen Misserfolgen und nervenden, anstrengenden Diskussionen über die eigene Hilflosigkeit unter uns Polizisten griffen die Medien das Thema auf, aus welchen Gründen auch immer, und plötzlich kam „Drive" ins Geschehen. Tatsächlich ist es nun möglich, relativ schnell ein Altersgutachten erstellen zu lassen, um das wahre Alter dieser Betrüger zu ermitteln. Ebenso wird nun in den politischen Parteien über geschlossene Heime nachgedacht.

Im Fall von Murad möchte ich der Vollständigkeit halber erwähnen, dass es sich hierbei um organisierten Menschenhandel handelt. Skrupellos schmuggeln Dealerbanden junge Menschen nach Deutschland, um das ungeheuer lukrative Geschäft mit Drogen zu betreiben. Nicht nur Murads Fall lässt umso deutlicher werden, wie hilflos unser Rechtsstaat über Monate, teils über Jahre reagiert. Dass sich einreisende Jugendliche oder gar Heranwachsende als Kinder bei den Behörden ausgeben, ist meinen Kollegen und mir bereits seit vielen Jahren bekannt. Ich denke da speziell an Leute, die aus Rumänien kamen und uns als sogenannte „Klaukinder" immer wieder die Nerven raubten. Wenn es uns mühsam gelungen war, diese Profis im Bereich des Taschendiebstahls zu überführen, standen wir regelmäßig vor dem gleichen Problem wie bei Murad. Kaum hatten wir diese Jungen vorne im Kinderheim abgegeben, kletterten sie kurz darauf aus den hinteren Fenstern des Erdgeschosses bereits wieder heraus. Ein staatlicher Vormund kümmerte sich teilweise um 15 angeblich elternlose, selbsternannte Kinder. Die Anmeldung im Kinderheim diente in einer Vielzahl der Fälle nur dazu, eine Anmeldung und somit staatliche Unterstützung zu bekommen. So wohnten in den Heimen tatsächlich „Phantome". Lediglich ein leeres Bett und Taschen mit wenigen Kleidungsstücken wurden bei Durchsuchungen vorgefunden. Der wahre Lebensmittelpunkt dieser reichlich Beute machenden „Taschenkrebse" wurde fast nie entdeckt.

Kurz vor der Abgabe dieses Manuskripts müssen wir feststellen, dass einige rumänische Touristinnen die Zahlen im Wohnungseinbruch emporschnellen lassen. Auch diese, augenscheinlich 18-jährigen Mädchen geben bei ihren Festnahmen an, erst 13 Jahre alt zu sein. Altes Spiel – neues Delikt: Wir nehmen fest – Richter lässt laufen – Altersgutachten in weiter Ferne.

Eltern haften für ihre Kinder?

Man schafft es kaum, an einer Baustelle vorbeizulaufen, ohne ein großes gelbes Schild mit der Aufschrift „Eltern haften für ihre Kinder" zu sehen. Was ist darunter eigentlich zu verstehen? Es ist eine harte und verantwortungsvolle Aufgabe, für jemanden die Haftung zu übernehmen, vor allem dann, wenn man diesen nicht rund um die Uhr begleitet. Heißt es, dass die Kinder machen können, was sie wollen, denn ihnen passiert nichts? Müssen die Eltern dafür in die Zelle, also werden Eltern für ihre Kinder bestraft? Wie ist es mit den Kindern, deren Eltern nicht in Deutschland leben (wie oben beschrieben), wer haftet da? In Deutschland ist man erst mit 14 Jahren strafbar. Warum aber soll man warten, bis ein 12-jähriger Krimineller vierzehn Jahre alt ist, um ihn dann für seine Taten bestrafen zu können?

Wenn mein neunjähriger Sohn in der Schule oder beim Sportverein etwas anstellt, dann bekommt er einen Tadel oder muss im Training eine Strafrunde rennen bzw. sitzt auf der Strafbank. Hier ruft mich der Trainer nicht an und lässt mich statt meines Sohnes eine Runde rennen. In der Schule gibt es auch die Strafe, den Schulhof sauberzumachen. Jetzt kann man natürlich darüber streiten, ob diese Strafe angemessen ist oder nicht. Vielleicht lernt der Betreffende ja dadurch nur, dass Saubermachen eine Strafe, und nicht, dass es eine Pflicht für jedermann ist. Vielleicht lernt er aber auch, die Konsequenzen für sein Handeln zu tragen. So würde es vielleicht auch einigen helfen, wenn sie für ihre Taten schon mit zwölf oder dreizehn zur Rechenschaft gezogen werden.

Was viele nicht wissen: Auch Kinder können, wenn sie etwas absichtlich anstellen, zur Verantwortung gezogen werden. Nachzuschlagen ist das alles im BGB § 828 (Minderjährige). Hier heißt es:

(1) Wer nicht das siebente Lebensjahr vollendet hat, ist für einen Schaden, den er einem anderen zufügt, nicht verantwortlich.

(2) Wer das siebente, aber nicht das zehnte Lebensjahr vollendet hat, ist für den Schaden, den er bei einem Unfall mit einem Kraftfahrzeug, einer Schienenbahn oder einer Schwebebahn einem anderen zufügt, nicht verantwortlich. Dies gilt nicht, wenn er die Verletzung vorsätzlich herbeigeführt hat.

(3) Wer das 18. Lebensjahr noch nicht vollendet hat, ist, sofern seine Verantwortlichkeit nicht nach Absatz 1 oder 2 ausgeschlossen ist, für den Schaden, den er einem anderen zufügt, nicht verantwortlich, wenn er bei der Begehung der schädigenden Handlung nicht die zur Erkenntnis der Verantwortlichkeit erforderliche Einsicht hat.

Ein klassischer Fall, und das ist uns fast allen schon mal passiert, ist folgender. Man fährt mit der Bahn und plötzlich hört man die Worte: „Guten Tag, die Fahrausweise bitte." Jetzt sind sie da, der hohe Blutdruck, die Schweißperlen werden größer und es wird einem ganz warm. Nicht zu vergessen: die Blicke der anderen Fahrgäste. „Entschuldigung, aber ich habe meinen Fahrausweis zu Hause vergessen." Okay, aber das ändert erst mal nichts daran, dass man schwarzfährt. Übrigens ist es nach § 265a (Erschleichen von Leistungen) strafbar, ohne bzw. ohne einen gültigen Fahrausweis zu fahren, und wird mit Freiheitsstrafe bis zu einem Jahr oder mit einer Geldstrafe bestraft. Jetzt kommt die Rechnung (40 €) nach Hause. Wer muss sie eigentlich bezahlen, man selber hat mit 12 Jahren ja noch kein Gehalt? Die Eltern übernehmen also meistens die Geldstrafe. Sie haben Mitleid mit uns und wollen nicht, dass wir mit Schulden aufwachsen – es sind doch Kinder?!

Ich weiß zwar auch, dass Zwölfjährige ja eigentlich noch Kinder und keine Jugendlichen sind; aber ich denke auch, dass ein Zwölfjähriger, der auf andere Kinder und Jugendliche losgehen und sie ausrauben kann, ja wohl doch etwas „reifer" ist als ein gewöhnlicher Grundschüler. Ein Kind spielt zu Hause mit Legosteinen oder Fußball auf dem Bolzplatz in der Nähe seines Zuhauses, aber Kinder gehen nicht „abziehen".

Die meisten dieser Kinder und Jugendlichen sind am Anfang ihrer kriminellen Karriere selbst nur Opfer. Der größte Teil von ihnen hat nur noch von niemandem gezeigt bekommen, dass es auch Wege jenseits der Kriminalität gibt. Sie wachsen in ihrem sozialen Umfeld auf und glauben, dass die gesamte Welt so ist, wie sie es erleben. Sie leben teilweise in der dritten Generation mit Hartz IV als bestem Freund der Familie auf. Im Kiez sind es die Dealer, die ihre Vorbilder sind, die fahren die neuesten Autos und haben mehr Geld, als sie je ausgeben könnten. Aber dieses Leben ist auch aufregend, es gibt kaum einen, der gedealt hat und nicht hinter Gittern sitzt oder gesessen hat. Ein Leben als Krimineller ist außerdem ein anstrengendes Leben: Man lebt ständig in Angst und hat es überwiegend mit skrupellosen Leuten zu tun. Wenn man nicht vor der Polizei auf der Flucht ist, sind es die anderen Dealer und Kriminellen, die einen verfolgen.

Doch wie gesagt, als Kind hat man ja nicht viel zu befürchten. Wenn jemand mit zwölf Jahren etwas anstellt, erlebt er immer wieder denselben Ablauf. Die Polizei wird gerufen, nimmt die Namen auf, setzt „das Kind" in das „große grüne Taxi" und fährt ihn nach Hause. Dieses Spiel kann gespielt werden, bis das vierzehnte Lebensjahr vollendet ist.

Ich bin 14 Jahre alt, was jetzt?

Mit meinem vierzehnten Geburtstag begann eine neue Zeitrechnung für mich. Jetzt konnte ich nicht mehr machen, was ich will, denn ich kann mich noch recht gut an die Worte der Polizisten erinnern: „Warte mal, bis du 14 Jahre alt bist, dann wirst du sehen; ich bringe dich persönlich in die Zelle." Also wusste ich, mein Freifahrtschein ist abgelaufen und ich genieße keinen „Kinder-Schutz" mehr. Natürlich konnte ich mich nicht von einen Tag auf den anderen ändern. Also machte ich mit meinen Dummheiten weiter und es kam natürlich, wie es kommen musste: Ich erhielt eine Anzeige und musste später zu der damit verbundenen Gerichtsverhandlung.

Ich wusste nicht, was mich erwarten würde. Das Gerichtsgebäude selbst vermittelte mir schon ein gewisses Angstgefühl. Das Riesengebäude, die Kontrollen am Eingang und dann diese langen Flure. Aber ich war ja nicht allein, neben meinen Eltern war auch die Jugendgerichtshilfe zum Gerichtstermin mitgekommen. Nach der Anmeldung vor dem Gerichtssaal muss man im Wartebereich warten, bis man aufgerufen wird. In dieser Zeit sitzt man, wie auf einen Bus wartend, anderen Angeklagten und vielen anderen gegenüber. Natürlich auch seinem Opfer mit seiner Familie. In diesem Moment schaut man sich das Opfer an und es gehen einem viele Gedanken und Fragen durch den Kopf. Was wird er gleich erzählen? Kann er sich an alles erinnern? Kann ich ihn vielleicht noch überzeugen, nicht auszusagen? Soll ich alles gestehen? Es ist ein Moment, in dem ich sehr egoistisch war, ich dachte nur an mich. Keine Sekunde lang habe ich an mein Opfer gedacht oder an meine Eltern, so etwas wie: Was denken sie wohl über mich?

Mitleid mit dem Täter

Ich versetzte mich selbst sofort in die Opferrolle. Denn das ist einfach und auch der bequemste Weg für mich. Alle sind gegen mich und niemand will mir helfen. Jetzt musste ich nur noch das Gericht davon überzeugen. Dazu habe ich ihnen erzählt, wie schlimm es bei mir in der Familie ist und natürlich auch in der Schule. Ich habe mich gut als Opfer verkaufen können und vor allem betont, wie leid mir die ganze Angelegenheit tut.

Natürlich habe ich mich auch beim Opfer entschuldigt. So kam ich meinem Ziel, unschuldig zu sein, immer näher und stand letztendlich als kleines Unschuldslamm vor dem Richter. Der hatte Mitleid mit mir und sagte: „Denk an deine Zukunft, Junge, was soll denn aus dir werden?"

Ich antwortete: „Sie haben recht, das bringt mir nicht viel, ich werde mir Mühe geben!"

„Na gut, heute kommst du noch mal mit einer Ermahnung davon, aber beim nächsten Mal wird es ganz anders für dich werden. Hast du das verstanden?"

„Ja, ja, ich habe verstanden, Herr Richter!"

Ich stand auf und verließ mit einem traurigem Gesicht den Gerichtssaal. Draußen vor der Tür habe ich mich dann gefreut, da ich ja die Gerichtsverhandlung gewonnen hatte. Oder etwa nicht?

Heute erinnert mich das damalige Geschehen an einen Witz, den mir mal ein Freund erzählte: „Ein Sozialarbeiter läuft über die Straße und sieht einen Verletzten auf dem Boden liegen. Der Mann blutet, kann nicht mehr aufstehen und ruft nach Hilfe. Der Sozialarbeiter geht natürlich hin und fragt den Verletzten: ‚Mann, was ist denn passiert, wer war das?' Der verletzte Mann zeigt auf einen Mann, der auf der anderen Straßenseite steht: ‚Er war das!' Der Sozialarbeiter: ‚Das geht nicht, dem Mann muss man helfen!' – Steht auf und lässt den Verletzten liegen."

Ich machte also mit meinen Dummheiten weiter wie gehabt. Ich hatte ja nichts zu befürchten. Ich stand für meine Taten noch mehrere Male vor Gericht und die höchste Strafe, die ich bekam, war eine Woche gemeinnützige Arbeit. Sonst wurde ich immer nur ermahnt. Ich denke, mein Richter damals hat wie der Sozialarbeiter gehandelt. Er ließ den Jungen, der gegen mich Anzeige erstattet hatte, liegen und versuchte stattdessen, mir zu helfen. Ich empfand es nicht als nette Geste vom Richter, sondern anfangs eher als überraschend und später als selbstverständlich. Genau diese Erfahrung machen Jugendliche bis heute, wenn sie nach einer Gerichtsverhandlung mit einer Ermahnung oder einer Bewährung rauskommen, dann sehen sie dies als ihren Sieg beziehungsweise als einen zweiten Freispruch an. Und nur in den seltensten Fällen als eine zweite Chance.

Das Opfer als Opfer der Justiz

Wenn ich heute darüber nachdenke, tun mir die Opfer am meisten leid. Erst werden sie Opfer von Gewaltübergriffen und später werden sie Opfer der Justiz. Sie sind schon so mutig, eine Anzeige zu erstatten, doch statt zu ihrem Recht zu kommen, verlieren sie noch die Gerichtsverhandlung und können froh sein, wenn sie nicht auch noch die Gerichtskosten tragen müssen. Damals lachte ich nur darüber, schnappte mir draußen vor dem Gericht die Zeugen und drohte ihnen, sie zu verprügeln, wenn sie noch mal Anzeige erstatten sollten. Dieses Verhalten findet sich bis heute noch bei vielen Jugendlichen.

Alle konzentrieren sich in erster Linie auf den Täter und nicht auf das Opfer. Das Opfer hat jetzt eher die Rolle, den Täter möglichst stark, natürlich „wahrheitsgemäß", zu belasten und sich an alles genau zu erinnern, damit es zu einer Verurteilung kommen kann. Ist das aber die einzige Rolle, die das Opfer einnimmt? Es ist in den meisten Fällen eine Zumutung, was die Opfer durchmachen müssen.

Was heißt es eigentlich, ein Opfer zu sein?

Auch ich habe meine Erfahrungen als Opfer von Gewaltübergriffen gemacht. Damals hielt ich mich auf einem Bahnhof auf, als mich eine Gruppe Jugendlicher ansprach. Es ist meist die immer gleiche Vorgehensweise. Sie sind in der Gruppe und langweilen sich, man selber kann gar nichts dafür, wenn man als Opfer ausgesucht wird. Während einer aus der Gruppe das Gespräch führt, bilden die anderen einen Kreis um einen herum, damit man nicht abhauen kann. Jetzt fehlt nur noch der Auslöser, um das ganze Drama beginnen zu lassen. Bei mir war es so, dass ich die Gruppe sogar kannte, es waren nicht einmal Rivalen aus einem anderen Bezirk oder so. Doch schien es ihnen auf dem Bahnhof zu riskant zu sein. Wir gingen nach draußen und da eskalierte die Situation. Neben Faustschlägen wurde ich massiv mit Tritten gegen den Kopf attackiert.

Ein „Gutes" hatte das für mich. Durch diesen Übergriff lernte ich erst, wie schmerzhaft es ist, einen Tritt ins

Gesicht zu bekommen oder mit einem Schlagstock verprügelt zu werden. Dieser Übergriff gegen mich geschah Anfang 1997 und bis heute erinnere ich mich daran, wenn ich in den Spiegel schaue. Er half mir, niemanden mehr anzugreifen oder mich zu prügeln.

Ich kam ins Krankenhaus und noch bevor ich meine Eltern sprechen konnte, war die Polizei da. Ich erzählte ihnen alles, was geschehen war. Ich nannte ihnen Namen und Wohnorte der Täter. Später erhielt ich eine Vorladung zur Polizei als „Beschuldigter". Ich war überrascht. Nachdem ich Anzeige erstattet hatte, stellten die Täter eine Gegenanzeige. Sie waren mehr als acht Jugendliche und somit standen mehr Zeugen auf ihrer Seite zur Verfügung.

Es hieß, sie hätten aus Notwehr gehandelt. Ich musste lachen und fragte den Polizisten zum weiteren Verlauf: „Also wie komme ich jetzt an mein Recht?" Ich hatte einen Jochbeinbruch und eine Nasenfraktur erlitten, war damals auch nicht allein unterwegs gewesen und dennoch halfen die Aussagen meiner Zeugen nicht aus. Ich begann, Rachegefühle zu entwickeln. Mein letzter Satz zu dem Polizisten war: „Dann wundern Sie sich nicht, wenn man Selbstjustiz ausübt!" Natürlich riet er mir davon ab. Ich nahm seinen Rat auch an und unternahm nichts.

Wer aber hätte mir helfen können? Wer ist für die Opfer da? Irgendwie scheint sie niemand zu wollen bzw. ich habe das Gefühl, mit Tätern lässt sich mehr Geld verdienen als mit Opfern.

Das Gefühl, als Opfer nicht vergessen worden zu sein

Mit dem „Weißen Ring e. V." habe ich einen Verein kennengelernt, der genau diese Lücke schließt. Hilfesuchende und Opfer von Gewalttaten können sich an den Verein wenden. Die Hilfsmöglichkeiten des Weißen Rings sind vielfältig und werden auf die besondere persönliche Situation des Opfers abgestimmt. Die ehrenamtlichen Helferinnen und Helfer sind oft die ersten Menschen, die sich um Kriminalitätsopfer kümmern und mit denen die Betroffenen über ihre Probleme sprechen können. Schon ein Telefongespräch, der Besuch am Krankenbett, die Hilfestellung im Umgang mit den Behörden – einfach das Gefühl, als Opfer einer Straftat nicht „vergessen" zu werden, können den Betroffenen wieder neuen Mut und Hoffnung geben. Wer Opfer einer Straftat geworden ist, hat oft auch mit Kleinigkeiten des täglichen Lebens zu kämpfen, die plötzlich zu großen Problemen werden können. Hier leisten die Mitarbeiterinnen und Mitarbeiter des Weißen Rings schnelle und unbürokratische Hilfe dann, wenn sie am nötigsten ist (www.weisser-ring.de).

Die Multifunktionsräume

Wie Fadi Saad richtig beschreibt, steht das Opfer einer Straftat meist schlechter da als der Täter. So stellten Kollegen und ich schon vor einiger Zeit Überlegungen an, wie zumindest der Aufenthalt auf dem Polizeiabschnitt, anlässlich von Anzeigenerstattung und Ähnlichem, für Leidtragende erträglicher gemacht werden könnte. Zunächst belächelt, wurde die Idee später in die Tat umgesetzt. So entstanden in fast allen Polizeiabschnitten und darüber hinaus in den Direktionsgebäuden sogenannte Opferschutzräume, oder anders benannt: *Multifunktionsräume.*

Diese Räume wurden mit relativ wenig finanziellen Mitteln, aber mit viel Eigeninitiative liebevoll gestaltet. Die Kollegen spendeten Geld, aber auch Sachmittel, vom Eimer Wandfarbe bis zum Teddybären war alles dabei. Das Ergebnis auf unserem Abschnitt taugt fast als Vorzeigemodell für eine „Schöner-Wohnen-Zeitung", wie mein Kollege Jochen es treffend formulierte. Erste Erfahrungen zeigen, dass die teils traumatisierten Opfer in dieser anheimelnden Atmo-

175

sphäre zunächst zur Ruhe kommen und dann wesentlich entspannter über das Geschehen sprechen können. So profitieren nicht nur diese davon, sondern auch wir als vernehmende Beamte. Übrigens verlaufen meine Mitarbeiter-Vorgesetzten-Gespräche in diesem Raum ebenfalls viel konstruktiver, ein netter Nebeneffekt.

Geschenke kaufen schwer gemacht

Freude zu bereiten gehört zu den schöneren Seiten des Lebens und da meine Frau Angelika in zwei Wochen Geburtstag hat, fahre ich zum Kurfürstendamm (im Volksmund Ku'damm genannt), um ein schickes Kleidungsstück zu kaufen. Mein Weg führt mich zunächst in ein bekanntes Bekleidungskaufhaus, in dem ich bereits mehrfach anlässlich solcher Ereignisse fündig geworden war.

Beim Betreten des gut besuchten Eingangsbereiches höre ich zunächst lautstarke, hitzige Satzfetzen, die ich beim Nähertreten einem stämmigen, jugendlich wirkenden Südländer zuordnen kann. Er versucht offensichtlich in Richtung Ausgang zu gehen, wird aber von einem uniformierten Sicherheitsmann des Kaufhauses daran gehindert. Der dunkelhäutige Sicherheitsmann verhält sich dabei ausgesprochen höflich und zurückhaltend, was mir sehr imponiert. Er spricht ruhig, aber bestimmt auf den Aufgebrachten ein und bittet ihn, mit zum Kundendienstbüro zu kommen, da es Unstimmigkeiten mit seiner Kreditkarte gegeben hat. Dabei verstellt er lediglich den Weg in Richtung Ausgang.

Während ich ahne, dass sich mein Einkaufsbummel hinauszögern wird, brüllt der mittlerweile Wutschäumende mit sich überschlagender Stimme, mal auf Arabisch, mal auf Deutsch: „Kommt, helft mir, Hilfe, kommt!" Gemeinsam mit einem zweiten Sicherheitsmann trete ich näher, um mich als Polizist auszuweisen und die Situation so vielleicht zu entschärfen. Überfallartig stürmen urplötzlich zwei Komplizen des Schreienden von der Straße kommend auf uns zu. Sie schlagen und treten brutal auf die beiden Sicherheitsleute ein, die durch die Wucht des Angriffs bis tief ins Kaufhaus hineingetrieben werden. Es entsteht blitzartig eine chaotische Lage, in der sich die beiden Angegriffenen nur unter größten Mühen verteidigen können. Auch ich erwache aus meiner Erstarrung und komme dem zuerst von mir bemerkten Sicherheitsmann zu Hilfe, der mit zweien kämpft. Dabei konzentriere ich mich auf den, der diese Situation ausgelöst hat. Gemeinsam mit dem Sicherheitsmann gelingt es mir, den Angreifer zu Boden zu bringen und dort zu fixieren, während weitere Verkäufer helfend eingreifen. So kann noch ein zweiter Täter festgehalten werden, ein dritter entkommt. Nachdem beide Schläger ins Büro gebracht wurden, stelle ich während des Wartens auf die alarmierten Kollegen kaum verwundert fest, dass es sich bei diesen Scheckkartenbetrügern um Intensivtäter aus dem Neuköllner Kiez handelt.

Acht Monate später: Der Gerichtstermin steht an und ich treffe zunächst im Wartesaal des Amtsgerichtes auf die Sicherheitsleute. Hier erzählt mir der, dem ich geholfen hatte, zunächst Unglaubliches. Durch die Schlägerei war er über drei Monate krankgeschrieben, da er erhebliche Verletzungen am gesamten Körper erlitten hatte. Obwohl er sich so für seine Firma eingesetzt, seinen Job also gut und korrekt gemacht hatte, wurde er ohne mit den Wimpern zu zucken fristlos entlassen. Einen neuen Job hatte er bis dato nicht gefunden. Peinlich und auch emotional berührt nahm ich sein Dankeschön für meine damalige Hilfe entgegen.

Beim Betreten des Gerichtssaals erlebe ich eine Überraschung. Die Vorsitzende Richterin war die mir gut bekannte Kirstin Heisig. In den vorangegangenen Monaten hatten wir uns mehrfach getroffen, wobei ihr Interesse sich hauptsächlich auf meine polizeilichen Erfahrungen mit jugendlichen Gewalttätern und die darauf folgenden Strafverfahren richtete. Sie war dabei, ein schnelleres Verfahren unter der Bezeichnung „das besonders beschleunigte Jugendverfahren" (s. o.) zu etablieren, gemäß dem Motto: „Die Strafe folgt auf dem Fuße."

Während der Verhandlung erklärte sie mehrfach, dass sie froh sei, dass ein unabhängiger Zeuge aussagt und die Situation im Kaufhaus schildern konnte. Zuvor standen sich die Aussagen der Sicherheitsleute und die der beiden Täter gegenüber. Dabei erzählten die Angreifer eine Geschichte, die den Gebrüdern Grimm zur Ehre gereicht hätte. Ihre Verurteilung wäre aber ohne eine Zeugenaussage faktisch nicht möglich gewesen.

Unverständnis kam bei der Richterin, aber auch bei mir darüber auf, dass das Tatgeschehen zwar von Dutzenden Leuten und Verkäufern gesehen worden war, sich aber kein Einziger als Zeuge gemeldet hatte. Richterin Heisig kommentierte dies sinngemäß mit dem Satz: „Anlässlich der Brutalität, mit denen die Täter vorgehen, haben die meisten Tatzeugen Angst, vor Gericht auszusagen. Für's Gerichtsverfahren geradezu katastrophal!"

Zurückblickend bleiben mir immer wieder das höfliche, zurückhaltende Agieren des farbigen Sicherheitsmannes, die brutale Art des Angriffs jener Intensivtäter und die vollkommen unverständliche Kündigung durch seinen Arbeitgeber in Erinnerung. Beschämend, wie ich finde, gerade auch, nachdem mir sein Stundenlohn bekannt wurde. Meine Geburtstagsgeschenke kaufe ich übrigens seitdem woanders.

Die Mühlen der Justiz mahlen langsam

Ich habe mal einen Jugendlichen zur seiner Gerichtsverhandlung begleitet, der wegen Körperverletzung angeklagt war. Das war eine sehr interessante Verhandlung, wenn nicht sogar theaterreif:

Richter: „Herr Murat, Sie wissen, warum Sie heute hier sitzen?"

Herr Murat: „Nein, weiß ich nicht!"

Richter: „Herr Murat, es geht um die Schlägerei vor Ihrer Schule."

Der Junge dreht sich zu mir um, schaut mich mit großen Augen und einem Fragezeichen im Gesicht an. Ich nickte ihm zu und wollte ihm damit vermitteln, dass er alles richtig mache und bei der Wahrheit bleiben soll. Er schien meine Geste zu verstehen, drehte sich zum Richter zurück und fragt: „Welche Schlägerei meinen Sie?"

Ich senkte meinen Kopf und dachte: „Oh, nee!" Aber war es dem Jugendlichen zu verübeln, dass er nicht mehr wusste, um welche Schlägerei es sich handelte? Zwischen der Schlägerei vor seiner Schule und der Gerichtsverhandlung waren inzwischen vierzehn Monate vergangen. In dieser Zeit gab es mehrere Schlägereien vor seiner Schule und bei einem Jugendlichen im Alter zwischen zwölf und 14 Jahren sind 14 Monate eine lange Zeit, in der er vieles erlebt.

Mir selbst ging es in meinem eigenen Fall nicht anders. Ich musste auch lange auf meine Gerichtsverhandlungen warten, sodass ich nicht immer wusste, warum ich jetzt eigentlich noch vor Gericht stehen muss. Ich war doch mittlerweile nicht mehr dieselbe Person wie vor Monaten. Auch meine letzte Gerichtsverhandlung verlief ähnlich. Die Prozedur war anfangs wie immer. Ich erhalte eine Vorladung und sitze vor dem Richter. Doch dieses Mal versteht er keinen Spaß, und ich kann mich ihm nicht als Opfer verkaufen.

Dieser Richter traute sich etwas, was anscheinend sich nur wenige Richter trauen. Er tat etwas Außergewöhnliches, etwas mir bislang Fremdes, etwas, was ich von unserer Justiz nicht kannte und was mir bis heute tief in der Seele sitzt. Er nahm mich und mein Problem ernst. Er erkannte, dass mir bislang keine Grenzen aufgezeigt worden waren, und nahm sich vor, dieses zu ändern. Der Richter verurteilte mich zu einem Wochenend-Arrest.

Ja, richtig gehört, „nur" ein Wochenende. Doch von diesem Urteil ließ ich mich nicht abschrecken. Im Gegenteil, ich bat sogar darum, denn ich hatte von meinen Freunden alles über Knast gehört, „im Knast ist es echt cool, du kannst da alles machen, was du willst, du kannst da sogar Abschluss machen und zur Schule gehen. Das Beste aber ist, du triffst Freunde, die du schon lange nicht mehr gesehen hast." Und das war mir lieber, als eine Strafarbeit zu bekommen, auch *Gemeinnützige Arbeit* oder auch *Soziale Stunden* genannt, und auf einem Abenteuerspielplatz Ziegen zu füttern. So jedenfalls haben meine Freunde es mir erzählt, und aus dem Fernsehen habe ich über Knast auch nichts anderes gesehen. „Also, warum nicht?", dachte ich mir. Da stand ich also vor der Arrestanstalt „Kieferngrund" und suchte den Eingang.

Ein Wochenende im Arrest

In Berlin liegt die Anstalt im Süden und wenn man dran vorbeifährt, fällt sie nicht einmal auf, da sie so abgelegen liegt. „Guten Tag", sagte ich, und ein Justizmitarbeiter nahm das Schreiben aus meiner Hand und sagte: „Guten Tag. Bitte folgen."

Ich folgte ihm und merkte, wie mir immer mulmiger zumute wurde, denn mit jedem Geräusch der Tore, die hinter uns zugingen, rutschte mein Herz ein Stück tiefer. Wir kamen in einen Raum, der aussah wie ein großes Lager. Dort musste ich alle meine Sachen abgeben. Selbst meinen Walkman, den ich mitgenommen hatte, um das Wochenende zu überstehen, musste ich abgeben. Er drückte mir eine Decke und Bettwäsche in die Hand und sagte wieder: „Bitte folgen!"

Ich lief hinterher. Auf dem Weg zur Zelle hörte ich, wie die anderen Gefangenen von einem Fenster zum anderen schrien. Die Fenster waren alle vergittert, ich meine, es ist ja klar, dass da Gitter vor den Fenstern sind, aber es ist noch mal was ganz anderes, wenn man selbst davorsteht. An meiner Zelle angekommen, öffnete der Schließer die Tür und sagte: „Die nächsten 23 Stunden hast du mal Zeit, darüber nachzudenken, warum du eigentlich hier bist, und morgen kannst du dann für eine Stunde raus!" Dann ging die Zellentür zu.

In dem Moment wurde mir erst klar, wo ich gelandet bin und wie tief ich in der Scheiße sitze. Es war gar nicht so, wie es mir meine Freunde erzählt hatten oder wie es im Fernsehen gezeigt worden ist. Im Gegenteil, es war grauenvoll. Die Zelle war sehr klein und kalt eingerichtet: Es waren nur ein Tisch, ein Stuhl, ein Schrank und ein Bett vorhanden. Ich kam mir so richtig erniedrigt vor. Ich fühlte mich „ehrlos". Ich fühlte mich so, als wäre ich in einem Käfig gefangen. Vor meinem Fenster flogen die Vögel vorbei und ich war eingesperrt.

Die Zeit verging ganz langsam. Ich versuchte zu schlafen, aber es ging nicht. Ich musste an meine Mutter denken; daran, wie enttäuscht sie von mir ist, daran, wie sie mich anschaute, als ich fortging. Sie hatte Tränen in den Augen und sie wollte mich nicht gehen lassen, obwohl ich ihr sagte, es sind ja nur drei Tage. Sie hatte aber große Angst um mich. Ich habe in der Zelle ebenfalls viele Trä-

nen vergossen und habe viel über mein Leben nachgedacht. Mir sind viele Fragen durch den Kopf gegangen
und zum ersten Mal habe ich mich so richtig hilflos ge-
fühlt. Vor allem fragte ich mich: Wo waren jetzt meine sogenannten Freunde? Wie konnte ich meine Familie so ent-
täuschen? Wieso hatte ich die Schule geschmissen? Wie bin
ich überhaupt im Knast gelandet? Was kommt als Nächstes, wie geht es weiter mit meinem Leben?

Das System hilft ihnen ins Verderben
Wie aber schaffen es die Betreffenden immer und immer
wieder, aus dem Gerichtssaal nach Hause rauszukommen
und nicht in den Knast zu wandern? Immerhin handelt es
sich um Jugendliche, die bereits auf Bewährung sind und
zum wiederholten Male vor Gericht stehen. Nach langem
Hinsehen wird einiges klarer.

Ich begleitete einen Jugendlichen, nennen wir ihn
Kai. Eigentlich wusste ich nicht, wer mehr Hilfe benötig-
te: der Junge oder seine Eltern. Kai stand bereits mehrmals vor Gericht und verbrachte viele Monate in der
Jugendstrafanstalt. Dann wurde er frühzeitig auf Bewährung entlassen. Alle freuten sich, selbst seine Familie.
Doch die Freude hielt nicht lange an. Als der Alltag wieder da war, merkte die Familie, dass sich bei Kai nichts
geändert hatte. Er suchte zwar seinen Bewährungshelfer
auf, was ja Auflage vom Gericht war, aber das war auch
schon alles. Sein Vater versuchte ihn jeden Morgen zu wecken und ihn an alle bevorstehenden Termine zu erinnern. Er wurde zum Sekretär seines Sohnes. Gemeinsam
fanden sie schließlich einen Platz in einer Einrichtung,
wo Kai seinen Hauptschulabschluss nachholen sollte.
Nach drei Tagen erhielt Kai eine Schulbescheinigung, die
er brauchte, um zu belegen, dass er einen Schulplatz hat.
Natürlich war das dann auch schon sein letzter Schultag

gewesen, er besuchte die Schule daraufhin alle zwei Wochen mal für eine Stunde.

Auf einen Anruf von mir bei dem Träger der Einrichtung erhielt ich eine schockierende Auskunft. Die Leiterin sagte mir: „Ja, das ist richtig, der Kai erscheint sehr unregelmäßig in der Schule, aber ich bin da guter Dinge, dass es besser wird." Im Ergebnis heißt das: Erst wer zwei Wochen am Stück fehlt, verliert seinen Schulplatz, da Kai aber diese Grenze nicht überschritt, geschah ihm nichts. Er machte seine Eltern mit seinem Verhalten wahnsinnig, zog seine kleinen Geschwister mit runter und wurde wiederholt wegen Ladendiebstahls verhaftet.

Drei Monate nach seiner Entlassung auf Bewährung fand ein Prüfungsgerichtstermin statt. Die Eltern waren darüber froh, denn sie hofften auf „Gerechtigkeit". Der Richter wollte sich ein Bild davon machen, wie sich Kai in den letzten drei Monaten benommen hatte und ob er seinen Auflagen nachgekommen war. Natürlich stand Kai sehr vorbildlich vor Gericht, er hatte ja einen Schulplatz, ging regelmäßig zum Bewährungshelfer und er hatte einen Superanwalt, der ihn trotz wiederholter Straftaten in der Bewährungszeit wieder einmal rausholte. Die Eltern standen sprachlos da. Sie verstanden die Welt nicht mehr. Wie kann es sein, dass Kai machen kann, was er will, und ihm geschieht nichts?!

Mir wurde nun klar, wie das System eigentlich tickt. Solange Kai auffällig ist, ist er für alle ein „Gold-Esel". Es ist die perfekte Win-Win-Situation:
- Die Schule (also der Träger) hat offiziell einen vollen Kurs, denn sie verdient abhängig von der Schülerzahl.
- Der Bewährungshelfer hat zu tun.
- Der Anwalt hat einen Mandanten mehr, an dem er verdient.

Die klaren Verlierer in diesem Stück sind die Eltern und natürlich auch der Jugendliche selbst. Leider sieht der sein Leben nur im Jetzt und nicht mit Blick auf seine Zukunft.

Opfer, Täter, Zeuge und die Justiz

Der September lag in seinen letzten Zügen, es war fast Vollmond und mein Kollege Frank und ich fuhren in dieser doch schon recht ungemütlich frischen Nacht in Zivil Streife. Wir waren bereits über fünf Stunden abwechselnd mal im Fahrzeug und mal zu Fuß im Bereich des U-Bahnhofes Neukölln unterwegs und die nächtliche Kälte, es war bereits 02:10 Uhr, kroch trotz wärmender Pkw-Heizung langsam an den Beinen hoch. Beharrlich hielten wir Ausschau nach vier Jugendlichen, die in den vergangenen fünf Nächten jeweils einen Betrunkenen auf dem Nachhauseweg brutal überfallen und teils übel zusammengeschlagen hatten. Personenbeschreibungen hatten die Überfallenen aufgrund des überraschenden Angriffes und ihrer Trunkenheit praktisch nicht abgeben können, sie sprachen lediglich, fast übereinstimmend, von vier jugendlichen Tätern. So hielten wir energiegeladen Ausschau nach ähnlichen Gruppierungen.

Während Frank unser Fahrzeug die Karl-Marx-Straße in Richtung Braunschweiger Straße lenkte, entdeckten wir fast gleichzeitig vier Jünglinge, die auf der Karl-Marx-Straße Richtung U-Bahnhof liefen. Auffällig war, dass ihnen die nächtliche Kälte offensichtlich wenig ausmachte, denn sie schlenderten eher, als dass sie gezielt gingen, und schauten sich auch immer wieder nach allen Seiten um. Dieses Verhalten passte haargenau ins Schema der letzten Überfälle, sodass wir diese vier gezielt weiter beobachteten.

In den nächsten 50 Minuten stellten wir fest, dass unsere Verdächtigen immer wieder die Straßen rund um den

U-Bahnhof regelrecht „bestreiften" und dabei aufmerksam die wenigen Menschen beäugten, die zu dieser morgendlichen Stunde auf den Straßen unterwegs waren. Um festzustellen, was es mit diesen vieren auf sich hat, und um zu verhindern, dass es wirklich zu einem Überfall kommt, beschlossen wir, zunächst eine leicht riskante Aktion durchzuführen. Frank stellte sich an einer Bushaltestelle in der Silbersteinstraße auf, um dort einen Betrunkenen zu mimen, während ich ihm Rückendeckung verschaffte. Die vier Burschen waren bereits mehrfach dort vorbeigelaufen und zwischenzeitig schon wieder in dieser Richtung unterwegs. Also gesagt, getan. Frank umklammerte mit einem Arm die Bushaltestelle, hing mehr an dieser, als dass er stand, und brabbelte unverständliche Worte vor sich hin. Aus meiner Sicht der perfekte Betrunkene.

Ich hingegen hockte versteckt hinter einem dort direkt vor der Haltestelle geparkten Auto auf der Straße. Kurz darauf erschienen die vier. Aufmerksam lauernd – sie erinnerten mich an Raubtiere, die ihre Beute wittern – liefen sie zunächst an Frank vorbei, blieben etwa 20 Meter entfernt stehen und taten so, als ob sie urinierten. Dabei blickten sie sich hektisch nach allen Seiten um, und als sie sicher waren, dass sich keine weiteren Menschen in der Nähe aufhielten, schlichen sie zu Frank zurück. Nun ging alles ganz schnell. Während ich schon meine Deckung verließ und auf dem Weg zu Frank war, konnte ich sehen, wie die vier ihn umringten. Einer versuchte, ihm seine Armbanduhr vom Handgelenk zu reißen, ein Zweiter griff in seine Jackentasche, während der Dritte heimtückisch von der Seite auf ihn einschlug. Frank erwachte urplötzlich explosionsartig zum Leben, zog seinen Schlagstock aus dem rechten Jackenärmel und versuchte, sich durch einen Rundumschlag Platz zu verschaffen, gleichzeitig rief er nach mir. Sekundenbruchteile bevor ich bei ihm war, rannten die vier Straftäter in alle Richtungen davon.

Ich konzentrierte mich auf den Schläger und rannte hinter diesem her, während Frank noch etwas angeschlagen unser Fahrzeug bestieg und ebenfalls die Verfolgung aufnahm. Nach einer harten „Joggingrunde" gelang es mir, meinen Raubtäter in einem Hinterhof zu stellen, obwohl er sich heftig gegen die Festnahme wehrte. Leider konnten wir die anderen drei Täter nicht mehr erwischen, auch weil uns zuvor Unterstützungskräfte mangels weiterer Polizeibeamter verwehrt worden waren. Trotzdem war unsere Freude groß, die uns aber einige Monate später gründlich verging.

Zunächst einmal blieb festzustellen, dass die Raubserie auf Betrunkene mit der Festnahme unseres Täters schlagartig endete. Schockiert, sprachlos und zweifelnd an unserer Auffassung von Gerechtigkeit erklärte uns der zuständige Staatsanwalt nach den abschließenden Ermittlungen, dass er keine Anklage gegen unseren Festgenommenen erheben wird. Dieser versuchte Raub war seiner Meinung nach als sogenannte *Agent-Provocateur-Straftat*, also als eine von uns provozierte Straftat zu werten und damit strafrechtlich nicht relevant. Mit anderen Worten, der Staatsanwalt stellte das Verfahren gegen diesen von uns so „arglistig hinterhältig getäuschten" Straftäter ein; uns blieb nicht nur die Spucke weg.

Keine pauschale Justiz- oder Richterschelte

Mir liegt es fern, hier pauschale Justiz- oder Richterschelte zu betreiben. Einige wenige Entscheidungen sind aber wirklich nicht nachvollziehbar und werfen nachhaltig ein schlechtes Licht auf unser Rechtsystem bzw. auf die, die dieses vertreten. Fadis persönliche Erlebnisse als Täter vor dem Richtertisch möchte ich um einige Erfahrungen meinerseits, nämlich als Zeuge bei unzähligen Gerichtsverfahren, ergänzen.

Da wäre zunächst einmal die bereits von Fadi erwähnte Behandlung des Täters im Gegensatz zum Opfer. Häufig musste ich miterleben, wie das Opfer einer massiven Straftat ungerechtfertigter Weise rüde vom Richter befragt wurde, während der Angeklagte, im Gegensatz dazu mit Samthandschuhen angefasst, in Ruhe aussagen konnte. Was aber allem die Krone aufsetzte, waren die anmaßenden, teils beleidigenden Fragen und Feststellungen der Rechtsanwälte. Nicht nur die Opfer mussten darunter leiden, was mir immer wieder ausgesprochen leidtat, sondern auch meine Kollegen oder ich. Als Zeuge erlebten wir in einigen Fällen fast unglaubliche Schikanen.

Uns wurden nicht nur bewusst unrichtige Aussagen unterstellt, sondern ich selbst wurde auch schon mal lautstark als Menschenjäger tituliert, dabei hatte ich eigentlich nichts weiter als meine Aufgabe als Polizist wahrgenommen. Mein Vergehen war nach Aussage des Rechtsanwaltes, dass ich den „Dauergast" vor dem Richterstuhl, einen bekannten Berufsverbrecher, achtmal nach diversen schweren Straftaten festgenommen hatte. Dass mich in der gleichen Verhandlung die 14 anwesenden Rechtsanwälte und die sieben Angeklagten als Lügner, Bullen und vieles Unangenehmes mehr beschimpften, ohne dass der Staatsanwalt oder der Richter eingriffen, sei nur am Rande erwähnt. So war es nicht verwunderlich, dass einige Kollegen nur mit Beruhigungsmitteln zur Verhandlung erschienen oder sich sogar krankmeldeten, in der Hoffnung, in diesem „Hexenkessel" nicht aussagen zu müssen.

Ich möchte nochmals betonen, dass dies nicht die Regel einer Verhandlung darstellt, dass es aber leider immer wieder zu solchen Verfahren kommt. Dass es hingegen sehr häufig nicht um das tatsächliche Geschehen ging, sondern von den Rechtsanwälten mit wirklich allen Mitteln versucht wurde, unsere Glaubwürdigkeit in Frage zu stellen, auch mit den obskursten Methoden, ohne dass der Richter oder die Richterin eingriffen, verursachte sehr häufig ein massives Magendrücken. Dies ging sogar so weit, dass wir uns nach einer solchen Verhandlung wunderten, dass vor Gericht überhaupt noch ein Zeuge oder Opfer erschienen war, um der Gerechtigkeit zu dienen. Ob diese Art des Umgangs mit Geschädigten oder Zeugen dazu beiträgt, Zivilcourage zu stärken, bezweifle ich nachdrücklich.

Auf die angemessenen Strafen möchte ich dabei gar nicht eingehen, obwohl auch hier häufig Unverständnis aufkommt. Dazu nur so viel: Bei meiner letzten Verhandlung erhielt einer, der im polizeilichen Datensystem mehr als 56 Mal als Tatverdächtiger erfasst worden war, trotz bereits laufender Bewährung erneut eine Bewährungsstrafe. Im Gerichtssaal mimte er geradezu das Unschuldslamm und die Richterin führte sich wie eine Mutter auf. Nach dem Verlassen des Sitzungssaales lachte er mir frech ins Gesicht und zeigte einen Stinkefinger. Auf eine Anzeige verzichtete ich, die Verhandlung zuvor hatte mir gereicht.

Hilfreich wäre es vielleicht, wenn für einige Richter und Staatsanwälte ein gewisser Praxisteil, also Arbeit auf der Straße, eingeführt werden könnte, um wieder in der Realität anzukommen. Dass es anders geht, zeigte nicht nur die von mir sehr geschätzte Richterin Heisig, sondern auch viele andere, die ihre Gerichtsverhandlung im Griff hatten und wo ich wirklich das Gefühl der Unparteilichkeit des Richters oder der Richterin spürte.

Eine weitere Forderung meinerseits, die auch Fadi immer wieder betont, ist der sogenannte *Warnschussarrest*, auch in Verbindung mit geschlossenen Heimen für Jugendliche.

Der Warnschussarrest

Meine Zeit im Arrest spielt in meinem Leben eine so prägende Rolle, dass ich diese bis heute vor Augen habe und sicher nie vergessen werde. Andererseits verfolge ich natürlich auch die derzeitigen Debatten zum Thema „Warnschussarrest". „Sperrt sie ein! Bringt sie hinter Gitter!" Es ist erstaunlich, wie viele Menschen ein solches Verfahren befürworten. Ich frage mich dann: Warum möchten sie das, welches Ziel soll damit verfolgt werden? Möchte man den Jugendlichen helfen oder möchte man sie nur loswerden? Eines muss uns allen bewusst sein. Jeder Jugendliche, der kriminell wird und in den Knast kommt, ist ein Verlust und ein Versagen unseres Systems. Diese Jugendlichen in die Gesellschaft zu integrieren ist nicht nur Aufgabe der Eltern, auch die Gesellschaft hat hierzu ihren Teil beizutragen. Dazu gehören neben den Eltern auch die Schule und die Nachbarschaft.

Herrgott, haben wir echt vergessen, dass auch wir mal Kinder und Jugendliche waren? Was hat jeder Einzelne von uns gemacht? Wie oft hat der eine oder andere von uns sich geprügelt? Wie oft wurde mit uns geredet: Das darfst du nicht machen! Das gehört sich nicht! Was sollen die anderen von uns denken? Haben wir damals immer auf die Erwachsenen gehört? Heute sind wir Erwachsene und sehen das ganze Geschehen aus einem anderen Blickwinkel. Aus dem Erwachsenen-Blickwinkel. Was ich damit natürlich nicht sagen möchte oder gar beabsichtige, ist, die Jugendgewalt zu verharmlosen oder gar zu entschuldigen. Mir hat die Zeit im Jugendarrest nicht geschadet und ich denke, sie wird auch vielen anderen Jugendlichen nicht schaden.

Ich bin dafür, dass Jugendliche, die erstmals vor Gericht stehen und „nur" eine Ermahnung oder gar eine Bewährungsstrafe erhalten, gleichzeitig einen sogenannten Warn-schussarrest bekommen. Derzeit ist dies leider vom Gesetz her nicht möglich. Sollte aber ein solches Gesetz mal erlassen werden, hätten die Richter auch die Möglichkeit, eine solche Verurteilung vorzunehmen. Ich bin einer von denen, die den Knast noch kennenlernen durften, bevor sie in die organisierte Kriminalität kamen. Die Zeit im Arrest lehrte mich, die Freiheit zu schätzen. Alle anderen Verurteilungen außer einer Freiheitstrafe machen die Jugendlichen zu Gewinnern, stärken sie in ihrem Ansehen auf der Straße und machen sie zu Verlierern der Gesellschaft.

Probleme deutlich benennen

Im Oktober 1997 baten Reporter des Magazins „Der Spiegel" meinen damaligen Vorgesetzten, Polizeidirektor Marschner, darum, einige Tage bei Streifenfahrten durch Neukölln mitfahren zu dürfen. Sie wollten hautnah miterleben, welche sozialen Probleme der Bezirk hat. Ausschlaggebend dafür waren u. a. die teilweise nicht erklärbaren Gewalttaten Jugendlicher. Mit der Realität konfrontiert, kam ein sehr realistischer, drastisch formulierter Bericht mit dem Titel „Endstation Neukölln" (Ausgabe 43/1997) heraus. Die Folge dieser Reportage: lautstarke Gegenerklärungen einiger politisch Verantwortlicher. Obwohl die Problematik bekannt war – sie erlebten sie ja täglich mit –, wurde schöngeredet, was das Zeug hielt. Konkrete Maßnahmen oder Ideen, um Änderungen herbeizuführen, waren Mangelware. Im Gegenteil, uns wurde sogar vorgeworfen, das Image des Bezirks zu beschmutzen.

Erst Jahre später, nachdem einige mutige Frauen und Männer, wie die Lehrerinnen und Lehrer der Rütli-Hauptschule, sich mit einem offenen Brief an die Öffentlichkeit wandten, „wachten" die Zuständige auf. Hier ein kurzer Auszug aus dem Brief vom April 2006:

„Wir müssen feststellen, dass die Stimmung in einigen Klassen zurzeit geprägt ist von Aggressivität, Respektlosigkeit und Ignoranz uns Erwachsenen gegenüber. Notwendiges Unterrichtsmaterial wird nur von wenigen Schüler/innen mitgebracht. Die Gewaltbereitschaft gegen Sachen wächst: Türen werden eingetreten, Papierkörbe als Fußbälle missbraucht, Knallkörper gezündet und Bilderrahmen von den Flurwänden gerissen. Werden Schüler/innen zur Rede gestellt, schützen sie sich gegenseitig. Täter können in den wenigsten Fällen ermittelt werden. Laut Aussage eines Schülers gilt es als besondere Anerkennung im Kiez, wenn aus einer Schule möglichst viele negative Schlagzeilen in der Presse erscheinen. Die negative Profilierung schafft Anerkennung in der Peergroup. Unsere Bemühungen, die Einhaltung der Regeln durchzusetzen, treffen auf starken Widerstand der Schüler/innen. Diesen Widerstand zu überwinden wird immer schwieriger. In vielen Klassen ist das Verhalten im Unterricht geprägt durch totale Ablehnung des Unterrichtsstoffes und menschenverachtendes Auftreten. Lehrkräfte werden gar nicht wahrgenommen, Gegenstände fliegen zielgerichtet gegen Lehrkräfte durch die Klassen, Anweisungen werden ignoriert. Einige Kollegen/innen gehen nur noch mit dem Handy in bestimmte Klassen, damit sie über Funk Hilfe holen können.“

Fast zeitgleich trat die bereits erwähnte Jugendrichterin Kirsten Heisig zunächst bei uns auf dem Polizeiabschnitt und später in der Öffentlichkeit mit ihrer Forderung nach einem schnellen Aburteilen von Straftätern hervor. Das von ihr propagierte „beschleunigte Jugendverfahren“ wurde nach und nach eingeführt und zeigt durchaus richtungsweisende Erfolge. In ihrem Buch „Das Ende der Gewalt“ beschrieb die enorm engagierte Richterin aus meiner Sicht erstmalig wirklichkeitsgetreu und sehr deutlich, welche Jugendliche und warum gerade diese mit Gewalttaten vor ihrem Richtertisch standen, deren Ausmaß einen fassungslos machen. Dass anfangs weder die Lehrer noch die Richterin in ihren offenen und ehrlichen Aussagen von ihren Vorgesetzten unterstützt wurden, war augenfällig. Erst als sich die Medien immer mehr mit diesen Themen beschäftigten, kam es zu positiven Veränderungen.

So entstand u. a. der „Rütli-Campus", der zwar baulich noch nicht fertig ist, aber dennoch bereits einige Erfolge vorweisen kann. Mit prominenter Unterstützung durch die Schirmherrin des Projekts, der Frau des verstorbenen Bundespräsidenten Johannes Rau, und dem unglaublichen Einsatz der Lehrkräfte entsteht hier ein Schulkonzept, welches durchaus als Musterbeispiel für zukünftige Kiezschulen mit ähnlichen Problemen als geeignet erscheint. Ein Weg, erfolgreich Jugendgewalt zu bekämpfen, ist selbstverständlich solch ein richtungsweisendes Schulprojekt wie dieser Campus. Wo attraktive Angebote fürs Lernen, für sportliche Betätigung, für jede erdenkliche Freizeitgestaltung zu finden sind, wo Lehrer und Lehrerinnen ihren verantwortungsvollen Beruf engagiert und vertrauensvoll ausüben können und wo Zukunftsperspektiven erkennbar sind, wird Gewalt die Ausnahme bilden.

Wichtig ist auch, dass unser jetziger Bezirksbürgermeister von Neukölln, Heinz Buschkowsky, deutlicher als die meisten anderen Politiker dieser Stadt Probleme anspricht und dadurch versucht, Änderungen herbeizuführen. Eine Entwicklung, die Hoffnung macht, aber nachhaltige Unterstützung braucht. Ich glaube auch, dass durch die beschriebenen Maßnahmen einige der im Spiegel-Artikel veröffentlichten negativen Zukunftsperspektiven nicht eingetreten sind. Das Fazit von Fadi Saad und mir ist aber eindeutig: Mit Schönreden wurden noch keine Probleme gelöst!

Interkulturelle Herausforderungen

Das Quartiersmanagement

Eigentlich wurde mit dem Schönreden nur das Gegenteil erreicht. Die Probleme sind nicht verschwunden, aber dafür immer mehr das Geld. Wir brauchen aber das Geld, um arbeiten zu können. Wobei ganz wichtig und mit einem riesigen Dankeschön zu betonen ist, dass unsere Arbeit vor Ort nur aufgrund der zahlreichen und ehrenamtlichen Helfer möglich ist, die Tausende von Stunden mit einbringen. Wenn jetzt aber das Geld gekürzt wird, können wir bald einpacken.

Seit 2005 sind weitere Gebiete Neuköllns Quartiersmanagern unterstellt worden. Nun hat der Bezirk Neukölln elf Quartiersmanagement-Gebiete, davon zehn allein in Nord-Neukölln. Dem entspricht etwa ein Drittel der QM-Gebiete in Berlin (34). Vordergründig bemühen sich die Quartiersmanagements in Berlin neben den Baumaßnahmen hauptsächlich um integrationsfördernde Projekte und um solche, die die Bildungs- und Lebenschancen verbessern.

Dadurch, dass wir Quartiersmanager mitten im Kiez tätig sind, uns mit den Bewohnern und Akteuren ständig austauschen und mit den Fachämtern des Bezirks kooperieren, haben wir einen recht guten Überblick über die Probleme im Kiez. Gerade dieses Rezept ist es, was das Verfahren so erfolgreich macht. Die Lösungen für die Probleme kommen nicht von außen und werden pauschal angewendet, sondern es werden gemeinsam mit den Betroffenen mögliche Lösungen erarbeitet und Projekte umgesetzt. Dadurch stärken wir das Wir-Gefühl im Kiez und können so Projekte nachhaltig gestalten.

Immerhin gelang es dem Programm, bis 2008 drei QM-Gebiete und bis Ende 2009 noch zwei weitere Gebiete zu versorgen. Aus diesen fünf Gebieten konnte sich das QM-Team zurückziehen und alles Weitere in ein bewohnergetragenes Verfahren übergeben werden. Das ist natürlich ein Ziel für alle QM-Gebiete. Wir können leider nicht zaubern, aber wir können dafür sorgen, dass sozial benachteiligte Gebiete nicht weiter absinken. Für die Kiezbewohner sind wir Ansprechpartner für alles und haben stets eine offene Tür für jeden, denn Probleme kennen meistens keine Öffnungszeiten. Neben den sozialen Problemen, mit denen ein Großteil der Kiezbewohner tagtäglich zu kämpfen hat, kommt natürlich auch die Bekämpfung bzw. Verhinderung der Jugendgewalt nicht zu kurz.

Derzeit arbeite ich als Quartiersmanager im QM-Gebiet Moabit-Ost. Hier zeigen die erhobenen Daten keine alarmierenden Zahlen in der Jugendkriminalität auf. Was nicht heißt, das es hier ruhig ist. Dadurch, dass wir stets ein offenes Ohr für die Kiezbewohner haben, kommt es auch schon vor, dass wir mit Ereignissen konfrontiert werden, denen wir als Vertrauenspersonen nicht immer gewachsen sind.

Sie wollte nur frei sein

Als Vertrauensperson hat man es mit sehr vielen Schicksalen von Menschen zu tun, und es ist nicht leicht, die eigenen Emotionen rauszuhalten. Noch schwerer ist es, die Probleme der Jugendlichen und Familien aus der Arbeit nicht nach Hause mitzunehmen. Es gibt Fälle, die mich auch nachts oder am Wochenende nicht loslassen, zum Beispiel wenn es um häusliche Gewalt geht. Es ist leichter, über solche Ereignisse zu lesen, als direkt mit den Betroffenen zu sprechen. Vor allem dann, wenn man nicht wirklich helfen kann. Der Druck, helfen zu wollen, wird immer stärker, während die Enttäuschung darüber, doch nicht effektiv helfen zu können, in gleichem Umfang mitwächst. Mit dem folgenden Fall will ich diesen Zwiespalt veranschaulichen.

An einem Nachmittag im August hatte ich alle Fenster und natürlich auch die Eingangstür des QM-Büros weit offen. Zu mir herein kamen eine junge Frau mit ihren Töchtern und ihrem im Kinderwagen sitzenden dreijährigen Sohn. Ich war noch mit meiner Kollegin am Arbeiten. Sie fragte mich: „Sind Sie Fadi?" Ich antwortete ihr: „Ja, und wer sind Sie?" „Ich bin Manuela!"

Noch bevor sie ihren Satz ausgesprochen hatte, füllten sich ihre Augen mit Tränen. Ich war sprachlos. Sie entschuldigte sich bei mir und ließ mich wissen, dass sie von einer Bekannten zu mir geschickt worden sei. Sie schaute sich ständig um, auch aus dem Fenster. Sie war offensichtlich sehr ängstlich. Wir setzten uns in das hintere Bürozimmer und sie fing an, mir ihre Geschichte zu erzählen:

„Ich bin seit mehr als fünf Jahren verheiratet und unglücklich. Ich habe doch alles getan, was sie wollten! Er oder seine Eltern konnten sich nie über mich beschweren. Ich ziehe mich vernünftig an und rede nie mit anderen Männern. Ich verlasse nicht einmal die Wohnung, außer ich bringe oder hole meine Kinder von der Kita. Ich bin seit Jahren eingesperrt in meiner Wohnung. Ich weiß nicht, was außerhalb des Kiezes ist!"

Ich hörte ihr zu und wusste erst einmal nicht, was zu tun sei. Ich fragte sie, ob ihr Mann sie schlägt oder bedroht. Sie beantwortete alles mit nein.

„Warum gehst du nicht zu deinen Eltern?" – „Dann wird alles nur schlimmer. Er hat mich schon oft aus der Wohnung rausgeschmissen, dann war ich bei meinen Eltern. Sie schickten mich dann am nächsten Tag wieder zu ihm. Sie sagten mir dann: ‚Es gehört sich nicht, dass eine Frau nicht bei ihrem Mann zu Hause ist.'" Wir führten das Gespräch etwa 15 Minuten lang, dann bedankte sie sich für das Zuhören und sprang auf und eilte nach Hause. In meinem Kopf ging es drunter und drüber.

Ich kam nach Hause und musste an Manuela und ihre drei Kinder denken. Sollte ich die Polizei alarmieren? Aber warum, war Gefahr in Verzug? Was sollte ich denen erzählen? Ach, die lachen mich bestimmt nur aus, oder? Am nächsten Tag rief mich Manuela an. Sie war sehr aufgebracht und fragte: „Was soll ich tun? Ich komme nicht in meine Wohnung, mein Mann hat das Schloss ausgewechselt!" Ihr Mann hatte sie am Abend zuvor aus der Wohnung geschmissen. Doch dieses Mal wollte sie nicht mehr zurück. Sie wollte einen Schlussstrich ziehen. Ich bat sie, nicht alleine vor der Tür zu warten, da ihr Mann unberechenbar sei. Sie holte eine Freundin dazu und rief die Polizei an.

Ich benachrichtigte einen Schlüsseldienst, rief meinen Bruder an und bat ihn, zu mir ins Büro zu kommen und einen kleinen Umzugswagen mitzubringen. Kurze Zeit später war die Polizei da. Ich kannte die Beamten und lief ihnen entgegen. Bis dahin konnte ich mich nicht offiziell dazustellen. Nachdem Manuela sich ausgewiesen hatte, konnte auch der bereits gerufene Schlüsseldienst seine Arbeit machen. Es dauerte ca. 15 Minuten und wir hatten alle ihre Sachen blitzschnell aus der Wohnung raus. Wir waren erleichtert, dass alles so schnell vorbei war.

Aber das war nur der Anfang vom Drama. Natürlich war der Mann nicht sehr begeistert darüber, dass er seine Schlüssel vom Polizeiabschnitt holen musste. Also machte er sich anschließend direkt auf den Weg zu Manuelas Freundin und bedrohte sie beide. In der Aufregung riefen sie mich an und schilderten mir, was vor ihrer Tür passiert.

Ich sagte ihnen, dass sie ihm auf keinen Fall die Tür öffnen und stattdessen die Polizei anrufen sollen. Das taten sie auch, aber er war schon weg, als die Polizei eintraf. In den kommenden Tagen wiederholte sich das Spiel einige Male.

Bis zu jenem Tag, als sie ihm in Anwesenheit der Familien Zugang in die Wohnung gewährten. Der Mann war sehr ruhig und gelassen. Als Manuela aber mit ihm alleine in die Küche ging, legte er eine Waffe auf den Tisch und zwei Kugeln. „Die eine Kugel ist für dich und die andere Kugel ist für mich, nur für den Fall, dass du mich verlassen willst." Das waren seine letzten Worte, bevor er die Wohnung ihrer Freundin verließ.

Sie stand noch eine Weile geschockt in der Küche und überlegte tatsächlich, zu ihm zurückzugehen, da sie hauptsächlich Angst um ihre Kinder und ihrer Familie hatte. Nachdem sie mich anrief und mir davon berichtete, alarmierte ich die Polizei. Diese war kurze Zeit später bei ihm und fand auch die Waffe. Manuela trennte sich von ihrem Mann und lebt mittlerweile glücklich mit ihren zwei Kindern.

Ich weiß nicht, was Männer dazu bewegt, solche Dinge zu tun. Ich meine, wir alle streiten mal und wir alle sagen auch mal Dinge, die wir später bereuen. Gerade dann aber entschuldigen wir uns bei unserem Partner und die Versöhnung ist dann umso schöner. Im Fall von Manuela wurde ich während der ganzen Zeit von Polizisten begleitet. Vor allem beratend, da ich als Quartiersmanager für solche Fälle nicht ausgebildet bin. Schicksale wie diese kommen in unserem Handlungskonzept nicht vor und ihre Bewältigung zählt nicht zu unseren Aufgaben. Aber gerade das macht ein Quartiersmanagement aus. Wir haben keine direkt zugewiesenen Zuständigkeiten, somit können wir auch niemanden abweisen. Erst die Kooperationen mit den unterschiedlichsten Akteuren machen unsere Arbeit so erfolgreich. Wir haben vor allem das, was den unterschiedlichsten Behörden immer mehr fehlt, wir haben Bürgernähe.

„Du kannst doch nicht deinen Vater anzeigen!"

Die Zusammenarbeit mit Behörden, wie im Fall von Manuela, ist nicht immer so super. Es gibt auch Beispiele, wie Karlheinz Gaertner bereits beschrieben hat, bei denen man sich die Haare ausreißen könnte. Während meiner Arbeit an den Schulen war ich auch dort ein Ansprechpartner für viele Schüler. An einem Morgen, kurz bevor ich das Schulgebäude erreichte, kam mir an der Bushaltestelle Schaila, eine meiner Schülerinnen, weinend entgegen. Es war kaum zu übersehen, dass sie ein blaues Auge hatte. Ich nahm sie in den Arm und beruhigte sie. Ich rief in der Schule an und entschuldigte Schailas und mein Fehlen. Nach einem kurzen Augenblick erzählte sie mir, dass sie von ihrem Vater ins Gesicht geschlagen worden sei. „Ich will nie wieder nach Hause. Ich hasse ihn. Ich will nie wieder nach Hause!", rief sie ununterbrochen.

Ich rief Frau Yilmaz, eine türkisch sprechende Polizistin, an und bat sie um Unterstützung. Ich dachte mir, sie würde Schaila am besten verstehen. Wir machten uns also auf den Weg zum Abschnitt. Aber Schaila hatte große Angst und wollte nicht, dass die Polizei informiert wird. Sie sagte: „Mein Vater bringt mich um, wenn ich der Polizei Bescheid sage!" Ich sagte ihr: „Okay. Wenn wir da sind, erzählst du der Polizistin, dass du eine Freundin hast, die von ihrem Vater geschlagen wurde, und dass du einen Rat einholen möchtest, um deiner Freundin zu helfen." Sie stimmte zu und wir besuchten die Beamtin.

Schaila fasste schnell Vertrauen zu Frau Yilmaz. Nachdem Schaila ihre eigene Geschichte im Namen ihrer Freundin erzählt hatte, war ihr die Erleichterung anzusehen. Frau Yilmaz sagte ihr: „Ich weiß, dass es ihr Vater ist, aber auch er hat kein Recht, seine Tochter zu schlagen. Selbst als Moslem ist es eine Sünde, sein Kind zu schlagen und im Gesetz verboten!" (In § 1631 „Inhalt und Grenzen der Personensorge", Absatz 2 heißt es: Kinder haben ein Recht auf gewaltfreie Erziehung. Körperliche Bestrafungen, seelische Verletzungen und andere entwürdigende Maßnahmen sind unzulässig.)

Mit diesen Worten hatte Frau Yilmaz es geschafft, dass die Schülerin mit mir zur Schule ging und sich mit der Schulleiterin und der Sozialarbeiterin unterhielt. Die Schule musste das Jugendamt einschalten. Ich war zwar dagegen, aber die Schule sagte mir, dass sie dazu verpflichtet sei. Und so geschah es dann auch. Die Sozialarbeiterin begleitete die Schülerin zum Jugendamt und kam ohne sie zurück. Wir saßen vor dem Telefon und warteten auf einen Anruf von Schaila. Doch es kam kein Anruf. Die Schulleiterin rief beim Jugendamt an und das Einzige, was sie zu hören bekam, war: „Leider können wir Ihnen zum Sachverhalt keine Auskünfte geben." Ich war außer mir. Es kann doch nicht sein, dass wir das Jugendamt informieren und sie teilen uns nichts mit! Ich wollte doch keine Details, aber wenigstens eine Info, ob das Gespräch gut verlief oder nicht.

Am nächsten Tag kam Schaila ganz normal zur Schule. Was aber anders als sonst war: Sie war nicht alleine. Ein Freund der Familie begleitete sie zur Schule und holte sie nach der Schule ab. Es gelang mir, sie zum Gespräch mit dem Jugendamt und ihrem Vater zu befragen. Schaila antwortete mir: „Der vom Jugendamt sagte mir nur: Du bist doch eine Türkin und für eine Türkin gehört es sich nicht, ihren eigenen Vater anzuzeigen!"

Ich war enttäuscht und geschockt. Dadurch, dass sie unsere Hilfe angenommen hatte, verschlimmerte sich ihre Situation zu Hause und sie verlor jegliches Vertrauen in unser System. Auch bei diesem Beispiel stellt sich mir die Frage, ob Datenschutz vor Kinderschutz geht. Leider könnte ich noch zahlreiche ähnliche Erlebnisse schildern, die mir so oder ähnlich widerfahren sind.

Interkulturelle Kompetenzen

Was ist das überhaupt und wie kann ich interkulturelle Kompetenzen messen? Reicht es aus, wenn ich einen Bollywood-Film sehe, um zu wissen, wie die Inder sind? Reicht es aus, einen Döner essen zu gehen, um zu wissen, wie die Türken sind? Natürlich reicht das nicht aus! Wir wissen sehr wenig voneinander. Wenn es aber um die Vorurteile geht, dann wissen wir plötzlich fast alles.

Wenn ich während meinen Lesungen mit Schülern oder Erwachsenen folgende Frage in den Raum werfe: „Was fällt euch spontan ein, wenn ich ‚Pole' sage?", dann bekomme ich oft die immer gleichen Antworten zu hören: Autodiebe, Zigaretten, Klauen und so weiter. Ich könnte die gleiche Frage mit anderen Nationen stellen und ich bekäme immer wieder die gleichen Vorurteile zuhören. Erst wenn ich umschwenke und nach „Deutschen" frage, vergeht vielen das Lachen. Es ist leichter, über andere zu sprechen, als seine eigenen Wesensmerkmale zu erfahren. Aber woher kommt das alles? Ich frage viele Deutsche, wie oft sie einen Moslem zu Weihnachten oder Ostern eingeladen haben. Natürlich stelle ich auch die gleiche Frage an Moslems, wie oft sie ihre deutschen Nachbarn mal zum Fastenbrechen, Zuckerfest oder zum Opferfest eingeladen haben. Bei beiden Fragen höre ich selten ein „Ja, habe ich schon gemacht"!

Wir wohnen in derselben Stadt, in derselben Straße, ja sogar im selben Haus, haben aber nicht wirklich viel miteinander zu tun. Wir kennen alle Vorurteile und Klischees, aber nicht einmal den Namen unseres Nachbarn. Das Wenige, was wir zu wissen glauben, haben wir aus dem Fernsehen. Je nachdem, wie die Berichterstattung ist, machen wir uns ein Bild vom anderen. Und dann ist der Rest ganz einfach. Wer ist schuld an allem? „Die". Wer auch immer „die" sind, man kann dieses Wort für jeden und immer einsetzen.

Manchmal hilft ein Fragen bzw. ein Miteinander- statt Übereinander-zu-Reden. Ich bin mit einer Berlinerin hessischer Herkunft verheiratet und ich bin selbst ein Deuraber (Deutsch-Araber). Monate nach unserer Hochzeit fragte ich meine Frau, warum uns einige ihrer Familie nicht besuchen kommen – haben sie vielleicht etwas gegen mich, mögen sie vielleicht keine Ausländer (beliebteste Ausrede von Nichtdeutschen)?

Meine Frau fragte mich: „Hast du sie denn mal eingeladen?" Also lud ich sie ein und sie kamen tatsächlich. Das war eine mir bislang unbekannte Kultur. Warum sollte ich sie einladen, im Arabischen besuchst du jemanden, ohne dass du eingeladen wirst. Plötzlich steht Besuch vor deiner Tür! Die Familie meiner Frau wollte hingegen nicht unerwartet bzw. unangemeldet auftauchen.

Ein zweites Beispiel. Als ich meiner Familie sagte: „Nach 20:00 Uhr möchte ich keine Anrufe mehr haben, es sei denn, sie sind dringend!", da bekam ich als Antwort: „Mann, bist du deutsch geworden!"

Fazit: Interkulturelle Kompetenzen kann man immer und überall erlangen, vorausgesetzt, man will!

Darf ein Deutscher eine Türkin heiraten?

Immer wieder kommen interkulturelle Fragen zum Vorschein. Ob in den von uns geschilderten Ereignissen oder während meiner Lesereisen. Seit dem Erscheinen meines ersten Buches reise ich quer durch Deutschland und darf viele Schulen kennenlernen. Natürlich gehören auch Schulen in Berlin dazu. Je nachdem, wie die Schülerkonstellation an den Schulen ist, gestalteten sich auch die Veranstaltungen.

An einigen Schulen wendet sich das Thema schnell. Jetzt steht nicht die Gewaltprävention an erster Stelle, sondern vielmehr der interkulturelle Austausch. Es werden Fragen gestellt wie: Was ist ein Araber? Sprechen die Araber auch Türkisch? Darf ein Deutscher eine Türkin heiraten? Was ist ein Moslem? Dürfen Christen und Muslime heiraten?

Mit der Zeit habe ich meine Lesungen bzw. Veranstaltungen angepasst und mische die Themen stark miteinander. In spielerischer Form jongliere ich mit den Vorurteilen hin und her. Es wird viel gelacht und die Schüler verstehen besser, was ich meine. Ich spreche die Sprache der Schüler und kenne die Probleme, die sie an den Schulen haben und denen sie in ihrer Freizeit ausgesetzt sind.

Die heutige Generation wächst in einer multikulturellen Gesellschaft auf. Ihre erste Freundin ist durchaus eine Deutsche. Ihre erste große Liebe ist dann vielleicht arabisch. Der Hochzeitswunsch mit einer oder einem Partner aus einer anderen Kultur oder Herkunftssprache kommt immer öfter vor. Daher wundert es mich nicht, dass ein Großteil der E-Mails an mich meistens mit der Frage anfängt: „Wie hast du es geschafft, deine Eltern zu überzeugen, dass du eine Deutsche heiraten darfst"?

Natürlich hatten auch meine Eltern große Bedenken, ob eine deutsche Frau die Richtige für mich ist. Aber andersrum hatten auch ihre Eltern bedenken. Heute sind beide glücklich darüber. Grundsätzlich gilt: Ein Muslim kann auch eine Frau jüdischen oder christlichen Glaubens heiraten.

Mein Sohn heiratet keine Deutsche

Hierzu ergänzend einige Erfahrungen mit meinen türkischen Nachbarn, mit denen meine Familie und ich mitten im Reuter-Kiez wohnten. Unmittelbar nachdem mein Nachbar mit seiner Familie eingezogen war, lernten wir uns kennen. Im Laufe der Zeit schafften sich seine Frau und er sieben liebenswerte Kinder an. Unsere nachbarschaftlichen Beziehungen waren bald freundschaftlich und vertrauensvoll. Wir wechselten nicht nur Worte im Treppenhaus, sondern trafen uns häufig zum Essen und zu Gesprächen, wie es bei guten Nachbarn eigentlich üblich ist.

Allerdings waren meine Frau und ich erstaunt über einige Ansichten des Vaters bei unseren gemeinsamen Diskussionen. Häufig redeten wir kontrovers und stundenlang über die zukünftige Heirat seiner Töchter und vor allem seiner Söhne. Obwohl er bereits über 28 Jahre in Deutschland lebte und sämtliche Kinder hier geboren waren, bestand er darauf, dass diese nur türkischstämmige Partner heiraten sollten. Als Erklärung dafür gab er aus unserer Sicht meist fadenscheinige Gründe an, wie z. B. irgendwann würden sie zurück in die Türkei ziehen, die kulturellen Unterschiede seien zu groß und vieles mehr. Er ging sogar so weit zu fordern, dass seine Söhne Frauen heiraten sollten, die sie direkt in der Türkei kennenlernen und dann nach Deutschland holen sollten. Dabei wurde ihm gar nicht bewusst, dass seine Kinder kaum der türkischen

Sprache mächtig waren und selbst bereits ganz anders über das Thema dachten. Wir selbst fühlten uns allerdings etwas diskriminiert, denn solche Vorurteile sind nicht haltbar und führen auch schnell zu Identitätskrisen bei den eigenen Kinder, mit all ihren negativen Folgen.

Die Sorgen des türkischen Nachbarn von Karlheinz kann ich, Fadi Saad, voll nachvollziehen. Wie bereits erwähnt, bin ich ja mit einer Deutschen und zugleich auch Christin verheiratet. Auch meine Familie sah es am Anfang mit Skepsis, dass ich eine Deutsche heiraten möchte, wie auch ihre Familie das Ganze zunächst skeptisch betrachtete. Die Sorgen waren also anfangs auf beiden Seiten da, doch heute können wir sagen, dass sie nicht berechtigt waren.

Das A und O der Vorurteile

Die Hauptquelle für Vorurteile ist meistens das Unwissen der Leute über den anderen. Je nachdem, wer von einem Ereignis berichtet, wird auch ein Bild des anderen vermittelt. Ein Polizist hat von Berufs wegen hauptsächlich mit kriminellen Migranten zu tun, so kann er auch überwiegend nur Kriminelles von Migranten berichten. Ich denke, er wäre deshalb auch nicht begeistert, wenn seine Tochter einen Migranten heiraten möchte.

Denn gerade wenn es um Vorurteile geht, werden oft drei Dinge miteinander vermischt, und das ist total falsch. Ich spreche von Kultur, Tradition und Religion. Nehmen wir mal einen 25-jährigen arabischen Mann, der am Abend ein Streitgespräch mit seiner Frau hat. Nach ein paar Wortgefechten fliegen auch Gegenstände durch die Luft. Nachdem es keine Wurfgeschosse mehr gibt und alle Beschimpfungen ausgesprochen wurden, holt der junge Mann aus und verpasst seiner Frau einen Schlag ins Gesicht.

Was würde man nun dazu sagen? Die Araber schlagen ihre Frauen? Die Frauen haben im Islam keine Rechte? Traditionell werden die Frauen unterdrückt? Meistens fangen die Erzählungen über solche Ereignisse leider mit einem „Die" an. „Die" Araber machen dies und das. Beispiele wie diese gibt es in Massen. Es sind die negativen Beispiele, die dann auf die Mehrheit der Bevölkerung ausgedehnt werden.

Das Unwissen über den anderen kann schlimme Folgen haben, es wird der Hass untereinander geschürt und die Vorurteile verstärken sich. Die Medien tragen hier eine große Verantwortung. Die Herkunft einer Person sollte nicht im Mittelpunkt der Berichterstattung stehen, selbst wenn der, über den berichtet wird, etwas Schlimmes getan hat. Aus meiner Sicht wäre es sinnvoller, diesen auch mit seinem Namen zu nennen und nicht seine Herkunft zu verunglimpfen.

Stellen wir uns mal die deutsche Fußball-Nationalmannschaft vor. Der Mesut Özil hat den Ball und rennt auf das gegnerische Tor zu, dabei berichtet der Kommentator: „Die Deutschen haben den Ball und sie laufen auf das Tor zu. Und da, da, Tooorrr, der Deutsche mit Migrationshintergrund schießt ein Toorrrrr!" Könnte man sich das jemals vorstellen?

Die Willkommenskultur

Bei meiner Arbeit an den Schulen fiel mir schnell auf, dass viele Lehrer nichts über die Migrationsgeschichten ihrer Schüler wissen. Natürlich können sie nicht alle kennen, aber sie sollten wenigstens die der arabischen, türkischen und kurdischen Migranten kennen. Ich war in Klassen, in denen der Anteil der Schüler nichtdeutscher Herkunft bis zu 98 Prozent betrug.

In den Schulen lernen wir viel zur Geschichte Deutschlands. Doch leider viel zu wenig über die Jahre nach dem Zweiten Weltkrieg. In dieser Zeit hat Deutschland zwei Währungswechsel hinter sich. Der letzte war erst vor zehn Jahren. Die Mauer ist nun seit über zwanzig Jahren weg, d. h., die Kinder und Jugendliche kennen diese nur noch aus den Geschichtsbüchern, heute sind wir Zeitzeugen. Doch wie kamen die ersten „Entwicklungshelfer" (auch „Gastarbeiter" genannt) ins Land? Wo kommt mein Nachbar her? Das wären Fragen, die richtigerweise zum Schulunterricht gehören.

Vom Schweige-Fuchs zum Grauen-Wolf

Nur was man sieht und als Fehler erkennt, kann man auch tadeln! Was aber passiert, wenn man etwas sieht oder hört, aber nicht weiß, dass es etwas Falsches ist?

Wie bereits erwähnt, war ich im Rahmen der vertieften Berufsorientierung und dem Aufbau von Kompetenzagenturen in vielen Berliner Schulen unterwegs. Um einen Überblick davon zu erhalten, wie es im Unterricht abläuft und was von mir verlangt wird, durfte ich einen Unterrichtstag miterleben. Dazu hospitierte ich in einer zehnten Klasse einer Hauptschule. In der Klasse setzte ich mich in die letzte Reihe.

Mitten in der Unterrichtsstunde hob ein Schüler seinen Arm hoch und schien sich melden zu wollen. Nicht, wie es uns in der ersten Klasse gezeigt wurde, also den Arm hoch und den Zeigefinger nach oben in die Luft. Nein, dieser Schüler streckte den Zeigefinger und den kleinen Finger in die Luft, mit zusammengelegtem Daumen und den Ring- und Mittelfinger nach vorne gestreckt. Die Lehrerin sprach den Schüler an: „Ja, Gökhan, bitte?" Er antwortete: „Ich melde mich ja nicht!", und fing dabei an zu lachen und der Großteil der Klasse mit ihm.

Ich war baff. Ich ging zur Gökhan hin, legte meine Hand auf seine Schulter und flüsterte ihm ins Ohr: „Entschuldige bitte, können wir kurz vor die Tür gehen? Ich müsste mal mit dir reden." Darauf er: „Nimm mal deine Hand weg, wer bist du, dass du mich anfasst?!"

Die Reaktion des Schülers, diese Aggressivität, furcht- und respektlos, überraschte mich doch sehr. Wie weit ist es gekommen, dass ich mich als „Lehrkraft" in einer solchen Art und Weise ansprechen lassen muss? Ich arbeite seit Jahren mit Kindern und Jugendlichen im Kiez, aber mich hat noch nie ein Schüler so drohend angesprochen.

Er war nicht leicht einzuschätzen, aber es war mir auch klar, dass er mich als „Neuling" testen wollte. Ich dachte mir, wenn ich jetzt nachgebe, verliere ich auf ganzer Linie. Denn sein Verhalten überraschte mich zwar, aber war mir nicht fremd. Ich verlor für einen Moment all meine guten Manieren und Vorsätze und entgegnete ihm mit einem auf der Straße bekannten Verhalten. Ich baute mich vor ihm auf und sagte ihm: „Wie bitte, willst du mir etwa drohen?" Mit meiner Reaktion brachte ich ihn aus dem Konzept, denn er hätte nie mit einer solchen Reaktion von mir als „Lehrkraft" gerechnet. Dann entschuldigte ich mich bei der Lehrerin für die Störung. Beginnend mit einer gezielten Frage, hielt ich der Klasse eine kleine Predigt.

„Was macht ihr, wenn ein Nazi hier stehen würde, seine Hand ausstreckt und ‚Sieg Heil!' rufen würde?"

Die Schüler: „Wir schlagen ihn!" „Wir bringen ihn um!" „Wir zeigen ihn an!" „Wir schmeißen ihn aus der Klasse raus!"

„Okay", sagte ich, „und warum macht ihr das nicht mit Gökhan? Denn das Symbol, welches Gökhan gezeigt hatte, ist ein Grußzeichen einer rechtsextremen türkischen Partei namens Bozkurt (Graue Wölfe)."

Die „Grauen Wölfe" (Bozkurtçular) gehören zu einer Partei MHP (Milliyetci Hareket Partisi = „Partei der Nationalistischen Bewegung") des 1997 verstorbenen „Führers" Alparslan Türkes an. In den sogenannten Idealistenvereinen bekunden seine Mitglieder (Anhänger) die Treue zur Organisation durch einen „Schwur":

„Bei Allah, dem Koran, dem Vaterland, der Fahne wird geschworen:
Meine Märtyrer, meine Frontkämpfer sollen sicher sein:
Wir, die idealistische türkische Jugend, werden unseren Kampf gegen Kommunismus, Kapitalismus, Faschismus
und jegliche Art von Imperialismus fortführen.
Unser Kampf geht bis zum letzten Mann, bis zum letzten Atemzug,
bis zum letzten Tropfen Blut.
Unser Kampf geht weiter, bis die nationalistische Türkei, bis Turan erreicht ist.
Wir, die idealistische türkische Jugend,
werden nicht zurückschrecken, nicht wanken,
sondern wir werden [unsere Ziele] erreichen, erreichen, erreichen.
Möge Allah die Türken schützen und erhöhen.
Amen." (Quelle: http://www.verfassungsschutz-bw.de)

Nach dem Unterricht kam die Lehrerin auf mich zu und bedankte sich für meine „Predigt": „Woher sollen wir Lehrer solche Symbole kennen? Das Symbol, was der Schüler gezeigt hatte, deuten wir Lehrkräfte als ‚Schweige-Fuchs'. Mund zu, wenn der Lehrer spricht (alle Finger und der Daumen zusammengelegt und die Ohren auf, Zeigefinger und kleiner Finger in die Luft). Aber ich hätte nie gewusst, dass dies ein Grußzeichen einer rechtsextremen türkischen Partei ist."

Die Lehrerin steht damit nicht alleine da. Ich habe kaum eine Lehrerin kennengelernt, die dieses Symbol kannte. Es gibt zahlreiches Informationsmaterial zur rechtsextremen Szene in Deutschland. Doch leider keine zumindest grobe Zusammenfassung, die auch die nicht-deutschen rechtsextremen Symbole aufzählt. Ich denke, es würde den Schulen, Sozialarbeitern und Polizeibeamten sehr weiterhelfen.

Der Konflikt zwischen dem türkischen und kurdischen Volk wird leider oft unterschätzt. Dabei sollte es nicht darum gehen, wer wem das Land wegnehmen will. Dass die Kämpfe in der Türkei und im Nord-Irak stattfinden, ist eins, aber dabei bleibt es nicht, denn die Schüler tragen diesen Konflikt mit in die Schulen. Ihre Eltern sind von dem Konflikt meist so eingenommen, dass sie ihn nicht neutral und sachlich vermitteln können. Und in der Schule haben sie kaum jemanden, der darüber Bescheid weiß, leider! Hier wünschte ich mir mehr Aufklärung in den Schulen. Dabei gibt es zahlreiche Migrantenvereine, die unvoreingenommen sind und hierzu gerne zur Unterstützung angesprochen werden können.

Fadi Saad schreibt meines Erachtens richtig, dass in den Schulen über die kulturellen Unterschiede der verschiedenen Ethnien unterrichtet werden muss. Wobei er meiner Meinung nach allerdings zu weit geht mit seiner Forderung, dass alle Konflikte dieser Welt und ihre Ursprünge in der Schule besprochen bzw. ausdiskutiert werden sollten. Dies dürfte nicht nur die Schüler überfordern, sondern auch das Potenzial des Lehrplanes sprengen. Wie wichtig allerdings das rechtzeitige Aufzeigen von unterschiedlichsten Lebensformen der einzelnen bei uns lebenden Migranten ist, zeigt folgende Begebenheit.

Anlässlich einer Strafanzeige wegen Mobbings begeben sich meine Mitarbeiterin und ich uns zu einer Grundschule. Während des Aufnehmens dieser Straftat spricht mich eine Lehrerin mit leiser Stimme an. Sie befürchtet, dass es in nächster Zeit zu körperlichen Auseinandersetzungen zwischen Schülern unterschiedlichster Herkunft kommen könnte. Den Beobachtungen der Lehrerschaft zufolge haben sich die Schüler zweier Ethnien gegenüber den Schülern und Schülerinnen einer neu hinzugekommenen, dritten Ethnie zusammengeschlossen und nun käme es zu massiven rassistischen Angriffen auf diese. Die Lehrerin beschrieb, dass Desinfektionsmittel mitgebracht und demonstrativ zum Händewaschen benutzt wurden, wenn man mit der neuen Minderheit in Berührung gekommen ist. Auch wird schon mal altes Essen in deren Schultaschen verteilt oder sie werden als dreckige Schweine, dumme armselige Assis (Asoziale) und vieles mehr beschimpft.

Dass die Kinder, es handelte sich um 10- bis 13-Jährige, nicht von allein auf solche Ressentiments kommen, sondern dass ihnen diese zu Hause nähergebracht werden, versteht sich von selbst. Dies wird auch dadurch deutlich, dass bereits zwei Elternpaare in der Schule erschienen waren und ihre Kinder mit den Worten „Mit diesem dreckigen Pack gehen meine Kinder nicht zur Schule!" abgemeldet haben. Gewalt, insbesondere Jugendgewalt, ist hier vorprogrammiert. Schnelles konsequentes Handeln, vor allem in Richtung der Eltern, ist hier dringend gefordert und wird unsererseits auch entsprechend umgesetzt.

Interessant finde ich in diesem Zusammenhang einen Ansatz unserer neuen Senatorin für Arbeit, Integration und Frauen, Dilek Kolat. Sie möchte, dass Eltern und Schule einen Vertrag schließen, in dem z. B. festgeschrieben wird, dass die Kinder pünktlich in der Schule erscheinen oder die Erziehungsberechtigten verpflichtend an Elternversammlungen teilnehmen. So werden die Eltern künftig intensiver in die Pflicht genommen, sich an dem schulischen Werdegang ihrer Kinder zu beteiligen.

„Ihr Lehrer dürft mich nicht anfassen"

Ein weiterer Fall ereignete sich an einer Schule in Berlin-Charlottenburg. Ich, Fadi Saad, war neu an der Schule und sollte im sozialen Bereich unterstützen. Da ich aber keine Ausbildung oder Studium in diesem Bereich habe, musste ich das Projekt gemeinsam mit einer Sozialarbeiterin durchführen.

In der ersten großen Pause liefen wir über den Schulhof und schauten uns die Schüler an. Ich bin der Meinung, dass ein Schulhof bzw. die Pause viel über eine Schule verrät. Dabei fielen mir drei Schüler auf, wovon einer ständig um sich blickte. Bei einem anderen Schüler beobachtete ich, dass er ein Band um den Hals trug. Ich fragte die Sozialarbeiterin: „Siehst du den Jungen da, was denkst du, was er um den Hals trägt"? – „Schlüssel, Handy oder so!" Ich daraufhin: „Komm, wir gehen mal rüber und fragen ihn."

Ich stellte mich dem Jungen und fragte ihn nach seinem Namen. Er sagte mir: „Ist doch egal, wie ich heiße, warum?" „Ich bin Herr Saad, wie heißt du?" – „Ist doch egal, geh mal weg."

Aus Eigensicherungsgründen hielt ich ihn an seinem Arm fest und fragte ihn erneut. Er rief: „Nimm mal deine Hand weg, ihr Lehrer dürft mich nicht anfassen!" Ich antwortete ihm: „Du Vogel, sehe ich etwa aus wie ein Lehrer"? Darauf rief er plötzlich: „Ich heiße Hamudi, Hamudi heiß ich."

Ich forderte ihn auf, mir das unter seinem Pulli langsam rauszuholen und mir langsam zu geben. Er fing an zu weinen: „Ist nicht meins, ist nicht meins, ich schwöre, ist nicht meins."

Es war ein Messer, das man um den Hals bzw. unter dem T-Shirt trägt. Es wird gerne von Jugendlichen getragen, wenn sie weggehen, da bei einer Durchsuchung z. B. in der Diskothek meist nur in Hosen- und Jackentaschen, am Gürtel und in den Schuhen nachgeschaut wird.

Ich hole sie da ab, wo sie sind

In den vorangegangenen Kapiteln musste ich einen Schüler anfassen. Hier stellt sich die Frage, ob das der richtige Weg ist. Diese Frage stelle ich auch oft während meinen Lesungen anderen Schülern und sie beantworten mir diese Frage meist mit einem „Ja".

Selbst Jugendliche, die in sozialen Brennpunkten aufwachsen, sagen mir das Gleiche: „Herr Saad, wenn Sie Bitte und Danke sagen, dann denkt doch der andere, Sie haben Angst vor ihm und er kann machen, was er will. Wenn Sie zu diesen Jungs höflich geblieben wären, hätten die versucht, Sie zu schlagen." Ich sage den Schülern dann, dass das, was ich gemacht habe, nicht der richtige Weg ist und auch nicht sein kann oder darf. Ich möchte keinen Schüler anfassen und wir dürfen auch nicht dahin kommen, dass die Prügelstrafe wieder eingeführt wird.

Ich hole die Jugendlichen da ab, wo sie sind, und das ist für viele von ihnen ein Zeichen von Respekt. Ich rede mit dem Betroffenen wie mit einem „Mann" (so, wie er ihn versteht). Sie verstehen darunter: Wer lauter schreit oder die größeren Muskeln hat, der hat auch recht.

Wenn ich mit Lehrern oder Beamten spreche, vertreten sie meistens die Haltung, dass man aufgrund der deutschen Geschichte keine Autorität ausüben dürfe, das sei negativ belastet. Ich persönlich finde aber, dass viele sich hinter der deutschen Geschichte nur verstecken und in Wirklichkeit mit der Situation überfordert sind. Man kann sich natürlich auch durchsetzen, ohne dass man handgreiflich wird, auch braucht man zum Durchsetzen natürlich keinen eigenen Migrationshintergrund mitzubringen.

Auf den Punkt gebracht

Auf den Punkt gebracht, muss man festhalten, dass es bisher nicht gelungen ist, die Bevölkerungsgruppen der Jugendlichen und der älteren Frauen wirksam vor jungen Gewalttätern zu schützen. Dies ist umso problematischer, weil eine Vielzahl von Maßnahmen, wie hier geschildert, offensichtlich ohne durchschlagenden Erfolg geblieben sind. Wie Fadi und ich einmütig feststellen, kann es sich unser demokratisches Gemeinwesen aber auf Dauer nicht leisten, dass ein Teil unserer Bevölkerung (wie unsere Söhne und ältere weibliche Verwandte) einerseits nur mit Angst die öffentlichen Verkehrsmittel benutzen oder andererseits bestimmte Gegenden meiden müssen, um nicht Opfer einer Gewaltstraftat zu werden. Wie formulierte es mein Orthopäde bei meinem letzten Arztbesuch etwas zynisch, nachdem zum wiederholten Male in den Zeitungen über derartige Taten berichtet wurde: „Jugendliche ohne ausreichendes Kleingeld werden überfallen, weil sie mit den öffentlichen Verkehrsmitteln fahren müssen. Meine Kinder kriegen Geld, um sich ein Taxi zu nehmen, das ist mir allemal sicherer und heute leider Realität!"

Unser aller Ziel muss es sein, dass diese Jugendgewalt ad absurdum geführt wird. Jeder Einzelne sollte auf seine Art dazu beitragen, seine Stadt lebenswerter für alle zu machen. Dazu wäre es schon hilfreich, wenn versucht werden würde, allgemeingültige Regeln des reibungsfreien Zusammenlebens einzuhalten und dabei eine gewisse Disziplin an den Tag zu legen. Ohne die ist unser Leben schwer zu bewältigen. Und es müssen ohne Einschränkungen Konsequenzen gezogen werden, wenn diese erforderlich sind.

Höflichkeit, Zivilcourage und das gegenseitige Respektieren sollte nicht nur im öffentlichen Raum, sondern auch in den Familien oberste Prämisse sein, um so vorbildhaft auf Kinder, Jugendliche und Heranwachsende einzuwirken. Normale Umgangsformen, wie z. B. „Bitte" oder „Danke", Begrüßungsworte wie „Guten Tag" oder „Auf Wiedersehen" und ähnliche Höflichkeiten sind heutzutage nur selten anzutreffen. Wäre dies wieder Erziehungsstandart, wäre schon viel in Richtung gegenseitigen Respekts erreicht.

Anlässlich der Verleihung des „Weißen Löwen" vom Lionsclub Goslar-Bad-Harzburg an meinen Freund Fadi, der zum wiederholten Male für seine Projekte gegen Gewalt geehrt wurde, sagte einer der Festredner, Eike Hulsch, in seiner Laudatio sinngemäß Folgendes:

„Wir leben in einer schwierigen und komplizierten Zeit. Wir haben gute Chancen, die heutigen Probleme zu überwinden. Wir wollen und müssen jetzt den Blick schärfen und ihn nach vorne richten. Wir wollen und müssen gemeinsam die Zukunft gestalten. Das sind wir unseren Kindern und Enkelkindern schuldig. Dazu benötigen wir junge, aktive Menschen, die in der heutigen Zeit leben, nicht wegschauen, sondern anpacken und nicht teilnahmslos in der Ecke stehen.

Wir brauchen keine sogenannten ‚Gutmenschen'!

Wir brauchen keine ‚politischen Schönreden'!

Was wir brauchen, sind Macher vor Ort!"

Unser gemeinsames Fazit

Das Thema „Jugendgewalt" berührt jeden Einzelnen von uns. Daher lautet die Devise: Was kann jeder Einzelne in der Gesellschaft dazu beitragen, Jugendgewalt zu vermindern? Wer auf der Suche nach Patentrezepten ist, wird schnell merken, dass es diese nicht geben kann, denn das würde voraussetzen, dass alle Jugendlichen gleich sind. Aber es gibt viele einzelne Rezepte, die sich in der Umsetzung bewährt haben. Hier in unserem Buch haben wir viele Fallbeispiele geschildert, dennoch möchten wir unseren Lesern hier noch eine kleine Zusammenfassung bieten.

Damit soziale Projekte, wie in unserem Buch beschrieben, weiterhin stattfinden können, wäre es wünschenswert, finanzielle Mittel weiterhin in ausreichendem Umfang zur Verfügung zu stellen.

Bei der Beschäftigung mit Jugendgewalt und Jugendkriminalität fällt auf, dass es immer wieder Verbindungen zur Erziehungsfrage gibt. Es ist deshalb unbedingt erforderlich, Eltern ihre Verpflichtung zur Kindererziehung zu verdeutlichen und gegebenenfalls Maßnahmen zu veranlassen, dass sie dieser Pflicht nachkommen. Politiker sollten rechtzeitig und offen erkannte Probleme benennen und Grundlagen für Lösungsansätze schaffen. Dazu zählen zum Beispiel:

- dass sich Behörden untereinander besser vernetzen, um rechtzeitig Normverstöße von Kindern zu erkennen, gegenzusteuern und so eine kriminelle Kariere zu verhindern;
- Gesetze so zu ändern, dass sie der modernen Zeit angepasst werden (beispielsweise das Waffenrecht, hier

könnte z. B. ein generelles Messerverbot eingefügt werden);

- den Datenschutz so zu ändern, dass er nicht Selbst-
zweck ist, sondern dem effektiven Bürgerschutz dient
und so Kinder und Jugendliche besser schützt (Verein-
fachung des Austausches von Daten zwischen den einzelnen Behörden bzw. den zuständigen Partnern);
- dafür Sorge zu tragen, dass die Schulen in die Lage versetzt werden, kleinere Klassenstärken einzuführen.
Dies ist die Voraussetzung, um individueller auf die
Schüler und Schülerinnen eingehen zu können. Nur
so können Stärken und Schwächen jedes Einzelnen erkannt und gefördert werden. Das wichtige persönliche
Gespräch zwischen Lehrkraft und dem Lernenden
könnte dann öfter stattfinden und Fehlentwicklungen,
in welcher Hinsicht auch immer, schnell erkannt und
abgefangen werden;
- dafür zu sorgen, dass die Justiz Gesetzesverstöße angemessen, rasch und konsequent ahndet und so massive
Stoppzeichen gegen Jugendgewalt setzt, dies auch unter
dem Aspekt des Jugendgerichtsgesetzes, das Erziehung
statt Strafe vorsieht;
- dafür zu sorgen, dass jedermann das Problem der Jugendgewalt auch als sein Problem begreift. Denn jedes
dieser von Misshandlungen oder Vernachlässigungen
geprägte Schicksal, welches frühzeitig erkannt und so
zumindest gelindert wird, dient dem Wohle der Kinder
und damit letztlich dem Wohlergehen der ganzen Gesellschaft.

Wer schrieb was?

Karlheinz Gaertner schrieb die Seiten 11–14, 18–23, 25–31, 36–40, 42–48, 54–64, 68–72, 76–77,81–91, 99–104, 113–129, 139, 145–157, 161–167, 175–178, 184–188, 190–192, 203–204, 209–211, 213–214 und 218.

Die Seiten 14–18, 23–25, 31–36, 41–42, 49–54, 64–68, 72–76, 77–81, 91–99, 104–113, 129–138, 139–145, 157–160, 167–175, 179–184, 189–190, 193–203, 204–209, 211–213, 218, 219 schrieb Fadi Saad.

Danksagung

Unser gemeinsamer Dank gilt zunächst dem weitaus größten Anteil der Kinder und Jugendlichen, die nicht durch kriminelles Tun auf sich aufmerksam machen, sondern ganz normal ihren Lebensweg gehen.

Sie finden in unserem Buch kaum Erwähnung, sind aber für uns der innere Antrieb, Jugendgewalt, wo immer sie auch auftritt, mit Vehemenz zu bekämpfen.

Dr. Stephan Meyer und dem Verlagsteam danken wir für die tolle und intensive Unterstützung beim Schreiben dieses Buches.

Persönlicher Dank von Karlheinz Gaertner

Ein besonders lieber Dank gilt meiner Frau Angelika, die meine Entwürfe unermüdlich durchlas und viele, viele Vorschläge zur besseren Lesbarkeit machte.

Ein weiterer Dank geht an meine Söhne Oliver und William, die teils mit eigenen Entwürfen oder mit der Fertigung von Bildmaterial dieses Buchprojekt unterstützten.

Abschließend möchte ich mich herzlich bei allen Kolleginnen und Kollegen bedanken, die mit mir gemeinsam diese vielen hier beschriebenen Fälle erlebten oder mir schilderten und mich sehr darin bestärkten, dieses Buch zu schreiben.

Persönlicher Dank von Fadi Saad

Liebe Miriam, Jamil und Daniel, ihr habt mich in all meinen Vorhaben unterstützt und mich in allem begleitet, dafür möchte ich euch von ganzem Herzen danken!

Weiter möchte ich mich bei allen bedanken, die mich die letzten Jahre bei meinen Lesereisen unterstützten. Dadurch durfte ich viele Schüler/innen, Lehrer/innen und Schulleiter/innen kennenlernen und als Freunde gewinnen.

Ein besonderer großer Dank an dich, Günter Koschig, an deine Kollegen der Polizeiinspektion Goslar und an Heike Göttert. Gemeinsam haben wir mit der Goslarer Zivilcouragekampagne eine Menge Schüler erreichen können.

Dem Lions Club Goslar-Bad-Harzburg möchte ich herzlich für den *Ehren-Löwen* danken. Mit dem Preisgeld konnten weitere Sportpakete im Rahmen des Projektes „Sportler setzen Zeichen" übergeben werden.

Liebe Stifter des *Deutschen Förderpreises Kriminalprävention 2009*, liebe Familie Stüllenberg. Für diese Auszeichnung möchte ich mich recht herzlich bei Ihnen bedanken.

Für die vielen Ratschläge, für's Unterstützen und großartige Mitwirken bedanke ich mich auch bei den Schulen und ihren Schülern, bei den Kollegen und Kolleginnen der Berliner Polizei, der GdP und des BdK für die tolle Zusammenarbeit.